O Buscador

No Caminho da Liberdade Espiritual

Modeste Herlic

2ª edição
Edição do Autor
2023

Colaboradora: Sarah Lima

Ao meu pai por seu amor e sabedoria

"O Buscador" é um diálogo sobre a sabedoria do coração, o momento presente e o caminho de volta para Casa.

Sumário

O Beijo do Pai Absoluto não deixa marca no rosto do filho pródigo. Mas a Alma fica marcada para sempre.

Kunda

Eduardo era um buscador da vida, que andara pelo reino dos homens, procurando a cura para os males do espírito. Fora de continente em continente, andara junto à solidão, convivera com a escassez e a abundância. Fizera muito, porém o seu muito não tinha valido, pois em seu último destino, disseram-lhe que havia deixado a resposta em sua morada.

Foi assim que retornou à sua terra natal. Ali estava ele, um viajante desolado, sentado à beira do mar. A vida não tinha sido gentil com ele. Percorrera tantos lugares em busca das respostas do coração. Sabia dentro de si que algo estava errado, "Mas como pode a resposta estar em minha morada? Como pode o Criador estar neste lugar? Será que ainda não vi tudo? O que pode estar faltando?" eram as perguntas que incansavelmente ressoavam em seu peito quando olhava ao seu redor e só via injustiça, pobreza, tristeza, doenças do corpo e da alma.

Aquele lugar estava em ruínas e, embora tenham lhe dito para retornar à sua morada, ali ele não conseguiria mais ficar. Precisava partir novamente. Tentou convencer seus familiares a deixar o continente do Centro, aquela terra afligida pelo mal, mas não quiseram.

Voltando novamente sua visão para a vastidão do mar, o homem falou de si para si mesmo: "Desta vez, estou em fuga. Mas fuga de mim mesmo ou dos homens?". Não soube responder a tal pergunta, contudo lhe pareceu que sempre esteve fugindo.

Recomeçou sua peregrinação e após sair da capital das Terras do Centro, dirigiu-se para as montanhas. Naquele momento não analisava muito, não pensava em rotas, apenas andava. Queria se distanciar dali. Passaram-se dias e o forasteiro ainda estava a caminhar, quando, no sétimo raiar do sol, exausto, abatido pela solidão e morrendo de fome, uma imponente montanha revelou-se para ele.

Aquela visão aguçou o derradeiro sopro de energia que ainda lhe sobrara e, rapidamente, ganhou a margem de Kunda, uma aldeola aos pés do monte. Eduardo lembrou que tempos atrás já ouvira comentários sobre uma montanha misteriosa nos arredores desse vilarejo. Naquele momento, até queria dar vasão a esses devaneios, porém os apelos mortais de seu corpo físico falaram mais alto e ele adentrou o local, à procura de ajuda.

Kunda era um lugar habitado por poucos homens e mulheres que há muitas décadas tinham abandonado o conforto e as facilidades da capital por razões desconhecidas. Viviam como camponeses, dedicando-se à terra e à simplicidade da vida.

Ao chegar à entrada da aldeia, o forasteiro perdeu a consciência. Foram sete dias andando sem rumo. Quando voltou a si, percebeu que estava em algum alojamento simples, porém confortável e limpo. Eduardo, que já não acreditava mais em tanta gentileza vinda dos homens, achou tudo muito estranho. Entretanto, tomou um minuto para agradecer ao universo.

Já tomado banho e com roupas limpas, saiu do alojamento e, com muita espontaneidade, as pessoas o chamaram para sentar-se à mesa e partilhar do que estavam comendo. Não havia cerimônia ou olhares curiosos. Ninguém chegou a lhe perguntar seu nome e nem o que andava fazendo por ali. Simplesmente acolheram o forasteiro, gratuitamente, sem nenhuma restrição.

Após a ceia, seu anfitrião, o senhor João, disse que ele poderia ficar à vontade para passar a noite no alojamento onde estava mais cedo. De fato, Eduardo precisava descansar. Depois de acolhido e nutrido, dormiu como há anos não dormira.

No dia seguinte, acordou com um novo semblante. Parecia um misto de alegria e curiosidade. Foi de encontro ao sr. João. Este não lhe fez nenhuma pergunta ou suposições, porém deixou claro que ele teria que trabalhar na terra igual a todos, caso pretendesse ficar hospedado por mais tempo. O buscador percebeu a justiça de seu anfitrião e, logo no mesmo dia, foi ao campo trabalhar na terra com a família que o acolhera. Cindi, a filha caçula do senhor João, não demorou em fazer amizade com o forasteiro. A todo instante, ela lhe fazia perguntas sobre a vida e suas reviravoltas.

Já fazia três dias desde a chegada de Eduardo em Kunda e ele ainda não havia se aproximado muito daquela montanha que o recebera no primeiro dia. Cindi lhe contou o nome e as lendas daquele monte. Chamava-se "Samah" e tinha algo misterioso, uma energia e magnetismo que ele ainda não podia entender. Por isso, sempre que passava por ela, observava sua grandeza por algum tempo. Em seguida, continuava seu caminho para o campo. No quarto dia, enquanto a contemplava, encontrou-se perplexo e, então, pensou: "A natureza é tão majestosa e tão modesta! Vive escondendo sua perfeição". No quinto dia, algo estava prestes a mudar sua vida. No caminho para o campo, parou como sempre para contemplar a beleza da montanha e ali, em meio ao cantar dos pássaros, ouviu uma voz, "Dizem que, há muito tempo, as montanhas tomavam formas humanas para contar aos homens as proezas de seus ancestrais". Com um olhar surpreso, o buscador perguntou, "Quem é?". A voz se revelou. Era um homem relativamente alto, olhos escuros e cabelo curto acinzentado. Trajado com uma túnica azul clara, sua pele lembrava o brilho da castanha. Com um sorriso dourado e agradável, parecia sereno e disposto a ajudar qualquer um que precisasse. O desconhecido respondeu: "Sou Haroldo, o amigo de Samah".

— Já faz uns dias que ando por aqui e nunca o vi. Faz parte dos camponeses também? — perguntou o buscador.
— Faço parte de tudo.
— Sou Eduardo, das Terras do Centro.

— Prazer, Eduardo. O que o trouxe até aqui?

— Digamos que foi a vida.

— E depois, qual é seu plano?

— Ainda não sei. Só o tempo nos dirá.

— Se eu estivesse em seu lugar, não confiaria no tempo.

Com um sorriso despreocupado, Eduardo disse, "Ainda bem que estou em meu lugar". O desconhecido prosseguiu, "Então estrangeiro! Sabe me dizer se o tempo corre?"

— Sim, é obvio. O tempo não para. Como uma flecha que nada visa, ele segue para frente. Mas qual é a relação disso com a nossa conversa?

— Só o tempo nos dirá.

— Essa é a minha fala — replicou Eduardo, com voz irônica.

— E você? Também corre? — perguntou Haroldo, sempre sorridente.

— Só quando estou atrasado.

— Se levasse uma vida inteira correndo atrás do tempo, como ficaria sua existência?

— Ela ficaria atrasada, e eu estaria perdido.

— Separe seus pensamentos da noção do tempo. Assim, não perderá o caminho genuíno da vida. Se correr atrás daquilo que não se captura, esse lhe escapará como o veado que foge da pantera.

Proteja, então, sua mente da ilusão e, dessa forma, você se tornará mestre do tempo, mestre de si mesmo e do mundo.

— Devo dizer que foi um belo prazer conhecer o senhor. Já que estamos falando do tempo, permita-me que eu não me atrase para meu quinto dia de trabalho no campo.

— A gratidão foi toda minha. Vá e não se atrase em seus afazeres.

— Estou correndo agora, mas voltarei para dialogarmos. Parece-me que o senhor é do tamanho de seu amigo Samah. Onde posso encontrá-lo novamente?

— Em todo lugar da montanha. Aparecerei para você no momento certo. Até a próxima!

Eduardo foi trabalhar na terra, com um sentimento de bem-estar após o breve contato com Haroldo. Também ficou pensativo a respeito da forma com a qual o amigo de Samah se expressara, "Aparecerei para você no momento certo". Parecia que Haroldo tinha muito a ensinar e isso deixou o forasteiro entusiasmado.

Pouco tempo depois, Eduardo avistou, através do murmúrio do sol, uma família unida nos cânticos e na alegria. Os membros dessa família trabalhavam na terra com coragem e alegria. O buscador não entendia como uma família podia estar plena e feliz, vivendo numa aldeola onde não havia edifícios, veículos ou crescimento profissional. Eles, no entanto, estavam contentes, sem maldade, e nisso, não havia nada de falso. Foi então que ele não suportou o questionamento interior e foi até um deles inquirir: "Por favor! Como é ser feliz na simplicidade?" Para seu fascínio, este lhe respondeu: "Só o amigo de Samah saberá lhe dizer".

Embora o amigo da montanha tenha-lhe dito que apareceria no momento certo, no final da tarde, Eduardo foi atrás de Haroldo.

Porém, não precisou ir muito longe, pois o procurado apareceu-lhe de repente.

— Boa noite, amigo de Samah. Eu estava indo ao seu encontro. Sou um buscador que possui dúvidas, questionamentos e muitas incertezas. Percebi que o senhor fala com profundidade e sua serenidade me transmitiu confiança. Senti que poderia me abrir com o senhor. Podemos conversar sobre alguns assuntos que gritam em minha alma?

— Sim, claro!

— Não conheço os mundos do Criador — disse Eduardo, depois de uma profunda respiração. — No entanto, vejo aquilo que se concretiza. Ao caminhar pela materialidade do mundo, conheci muitos homens e quase todos eram infelizes, insatisfeitos e sempre desejando uma coisa ou outra. Possuíam tudo, mas ainda reclamavam da vida. Para exemplificar, contarei sobre um homem que conheci, chamado Roberto. Certo dia, sentei-me com ele para escutá-lo. Ele tinha uma casa, mas queria outra maior; tinha um veículo, mas desejava outro melhor. Disse que se casou muito cedo e não teve a chance de explorar o mundo. Na época, tinha quatro filhos e os amava profundamente, no entanto, e ainda assim, disse que queria ter tido menos filhos para poder guardar dinheiro. Disse que ser engenheiro lhe possibilitou uma vida boa, entretanto o que queria ser de verdade era historiador, pois dizia ele, "A história é a guardiã das civilizações". Dizia que estava feliz por sua vida, porém não parava de reclamar da mesma. E agora, nesses dias que estou a conhecer o povo daqui, olhando nos olhos dos camponeses, não vislumbro nenhuma hipocrisia. A felicidade em seus olhos me parece sincera. Além disso, estou aqui, diante de um desconhecido, num lugar estranho, abrindo-me de forma inesperada. E quando dou ouvidos a mim mesmo, escuto meu coração dizendo que o senhor é o único neste lugar que conhece minhas respostas. Ah, amigo de Samah, há tantas dúvidas em meu coração!

— Faça, então, suas perguntas e responderei.

— Passei toda minha vida na indiferença. Por muitos anos, aprendi a desejar e a me frustrar. Andei sem parar por várias partes do mundo e quando me encontrei sem ar para respirar, tirei do meu coração aflito a força para continuar. Em meio a toda essa tristeza, nenhum descanso foi-me dado. Todavia, cheguei a ver homens descansados na estrada da vida. Muitas vezes, perguntei-me, "Por que eu? Por que não posso ter uma vida bela como a dos outros?"

— Parece-me que está em busca da felicidade. Andou pelo mundo inteiro e hoje está aqui, no coração da Terra, ainda sem resposta.

— Na verdade, fui atrás da cura para o espírito agitado. Com o passar do tempo, deixei de procurar por esse remédio e comecei a me interessar pelo Criador Supremo. Entretanto, o caminho que trilhei foi repleto de descontentamento até eu chegar a Kunda, onde, apesar do pouco tempo de observação, parece que todos os seres são felizes. No fundo do meu coração, permaneço à procura do Criador. Mas neste exato momento, urge a vontade de conhecer a felicidade. Como pode o homem ser verdadeiramente feliz? Como pode ele dedicar sua vida inteira à procura da satisfação enquanto anda infeliz? Como podem os camponeses de Kunda estarem contentes com tão pouco, enquanto homens de outros lugares anseiam pelo bem-estar ainda que vivam na opulência?

— Certamente porque esses infelizes projetam a Felicidade como o fim da vida — lançou Haroldo.

— Mas a finalidade da vida não é a Felicidade? — indagou Eduardo depressa.

— Se pensar assim, não estará errado, mas também não estará certo.

— Se eu não estou errado nem certo, onde estou? — disse o buscador, com o olhar confuso.

— Diga-me uma coisa, "O que faz de um homem um filósofo?"

— Obviamente a ação de filosofar.

— Está dizendo que é preciso filosofar para ser filósofo?

— Sim.

— Da mesma forma que é preciso filosofar para se tornar filósofo, é igualmente necessário praticar a felicidade para se tornar feliz. Pensando assim, como posso me tornar uma pessoa feliz se tudo que eu vejo se resume à negatividade da vida? Pensa que esse tipo de pessoa pode ser feliz?

— Creio que não.

— Enquanto o homem passar dias e noites reclamando da vida, não conhecerá uma existência feliz. O que realmente importa é a jornada, são todos os momentos da vida. A felicidade não é o fim em si, é a própria caminhada. Quando estiver voltando para casa, abandone seu rosto à brisa que se move suavemente. Volte seus olhos para o céu e contemple a grandiosidade do Criador quando os raios do sol se mesclam com as nuvens cinzentas. Caminhe ao redor da montanha, comunique-se com as flores. Observe a peregrinação das formigas; o voar dos pássaros; o silêncio das árvores; o amanhecer e a plenitude do luar. Há tantas coisas belas para conhecer. Sem nada julgar, viva o momento presente e encontrará, num simples sussurro do vento, a felicidade que há anos andou buscando sem êxito. E se não conseguir tocá-la, veja com os olhos do coração e, assim como a luz de mil sóis, a derradeira verdade lhe será revelada na escuridão da noite.

Numa fração de segundo, o forasteiro se lembrou das palavras do velho Bokô, cuidadosamente guardadas no fundo do coração. Enquanto olhava atônito para o amigo de Samah, perguntou, "O senhor gostaria de ser meu mestre? Serei seu discípulo, vou lhe servir de bom grado e amarei sua sabedoria".

— Quem disse que sou digno de um mestre? — indagou Haroldo, com um sorriso humilde.

— Não sei como explicar agora, mas foi a montanha, foi Samah que me disse — respondeu o buscador, com voz confiante.

— Que assim seja! — encerrou o mestre.

Em seguida, os dois homens se despediram. No caminho de volta para casa, Eduardo tentava enxergar na natureza as marcas da felicidade. No entanto, sua mente não parava de ansiar a próxima conversa com seu novo mestre.

Em seu âmago, respira o que há de mais elevado em toda a existência. Então, ao tornar-se mestre de si mesmo, você se torna mestre do mundo.

O viajante

Certa noite, Haroldo recolheu-se à beira do rio a fim de observar a vida ao seu redor como costumava fazer. Aquele rio chamava-se Sita e corria para o júbilo dos habitantes de Kunda. Passava alegremente por todos os cantos da aldeola, permitindo assim que suas águas suavizassem aquela terra. Dessa forma, frutos, sementes e legumes nunca faziam falta nos arredores de Samah.

Ainda que fosse sempre consciente do momento presente, Haroldo decidiu se lembrar do seu passado naquela noite. Talvez fosse porque sua busca pessoal aparentava-se muito com a de Eduardo, o jovem buscador que tinha acabado de conhecer.

O desejo ardente do seu novo discípulo de querer libar um pouco da Verdade Absoluta fazia-o lembrar de si mesmo. Devia ser por isso que manifestava muita compaixão em relação ao forasteiro. Ou talvez fosse simplesmente porque um mestre genuíno ama a todos e não julga nada nem ninguém.

De qualquer forma, Haroldo sabia da importância da compaixão na estrada do autoconhecimento. Para ele, o amor pelo próximo não é nada senão a belíssima habilidade de se espelhar no outro, a capacidade de fazer UM com os seres que cruzam nossos caminhos, a sabedoria de encarnar o espírito do universo e a inteligência de portar o amor em seu coração, não importa o que se faz ou aonde se vai. "O único jeito de conhecer a si mesmo é conhecendo o mundo que nos cerca", murmurou o homem, olhando para Sita, que bailava na doçura da noite. Ainda que a voz de Haroldo fosse suave, ecoou de maneira profunda através do vento que preenchia o espaço.

Muitas coisas aconteceram no passado do Haroldo, mas naquele momento, ele só queria se recordar de como havia conhecido Reba, seu mestre. Este era a manifestação de uma alma grandiosa, um ser majestoso.

Fora numa época difícil para Haroldo, na qual o infortúnio não lhe dava sossego. Lamentava muito por não ter a vida com a qual sonhava. Ao passar seus dias, totalmente entregue à angústia do espírito, acabou fazendo da própria existência um fardo muito grande que arrastava debaixo do sol. Nada, naquele mundo, propiciava-lhe a paz do coração — uma paz que ele costumava projetar no amor das pessoas e na posse das coisas. E cada vez mais, lamuriava seu destino, pois se dava conta aos poucos que a felicidade não estava nas coisas nem nas pessoas. Perguntava-se aonde ir para encontrar a "Felicidade", essa coisa tão querida por todos. O que lhe incomodava era, sobretudo, o fato dessa coisa tão abstrata existir em algum lugar no mundo concreto. Essa dualidade atormentava seu espírito sempre quando se dava a missão de encontrar a "Felicidade" por meio dos pensamentos.

Numa daquelas noites em que se sentia abandonado pela beleza da existência, postou-se diante de Samah e, com todas as forças, falou os múltiplos nomes do Supremo, pedindo ajuda. Gritou alto, e seu berro fez a brisa estremecer-se. Queria a paz do espírito e o sossego nos pensamentos. Queria entender o porquê da vida. Queria entender por que seu dia a dia o afligia com uma bagagem tão pesada tal como a solidão e o tédio.

Infelizmente, remissão nenhuma foi-lhe dada. Reclamou muito, chorou demasiadamente, pranteou até não poder mais. Apesar de tudo que fazia para se salvar de seu destino, seu sofrimento continuava intato. Dias se passaram naquela angústia, até que, no esquecimento de si mesmo e no desapego para com as suas dores, um homem misterioso apareceu diante da sua casa. Bateu três vezes.

A insistência do visitante precipitou Haroldo até a porta. A frustração em seu rosto falava mais alto que o sorriso que convidou o desconhecido a entrar. Embora este tenha notado a antipatia de Haroldo, permaneceu sorridente e bastante amigável. "Que estranho! Que misterioso!", pensou Haroldo, enquanto mantinha seu rosto fechado a qualquer gentileza. O visitante era um homem de tamanho médio, olhos escuros e puxados, cabelo preto e curto com um cavanhaque que o deixava agradável. Trajado com uma túnica vermelha escura, sua cor de pele lembrava o pôr do sol. Parecia-se com os homens do segundo país das Terras do Leste, que as pessoas chamavam de viajantes.

"O que um viajante do Leste faz aqui na minha casa?", Haroldo perguntou para si mesmo.

Logo após pensar isso, certa inércia imobilizou-o. Por nenhuma razão aparente, encontrou-se atônito diante do visitante. Pensou novamente, "O que faço agora? Deixei-o entrar sem nada perguntar. E, agora?". O desconhecido continuou sorridente, com o olhar cheio de amor. Havia algo muito diferente nele, algo intrigante e belo ao mesmo tempo. Estranho aos homens, parecia que ele não tinha sombra. Haroldo ficou observando-o até perceber que seu corpo emanava uma luz deslumbrante. Era um ser majestoso e ao perceber isso, Haroldo surpreendeu a si mesmo quando, de repente, começou a sorrir sem parar, como se toda sua frustração diante da vida e todo seu padecimento aqui na Terra haviam-se dissipado no ar suave que os cercava. Sentiu um leve toque na pele. Era uma brisa agradável que lhe beijava o rosto. A felicidade que há muitos anos andara buscando sem êxito pelas estradas da existência havia chegado em sua morada. E não era nada de muito grande. Era apenas o sorriso de um viajante, acompanhado de um vento tão deleitante que parecia um afago do cosmos. De tanto olhar para o esplendor que emanava daquele ser misterioso, ficou paralisado. Não podia falar nem pensar. Naquele instante, tudo que lhe restou foi a audição e a visão. Só podia ver a luz e ouvir a voz que provinham daquele ser brilhante. Contudo, o mais estranho era que tinha a sensação de que as palavras ditas pelo viajante eram suas.

Luminoso como mil sóis, o magnífico ser falou, com voz mansa. Era uma voz delicada e, no entanto, sua ressonância sacudia todas as coisas que se encontravam no aposento. Disse ele:

"Amado irmão, meu nome é Reba. Nós nos conhecemos bem antes de o tempo existir, mas você se esqueceu de mim. Quando veio a hora de você se lembrar de si, não se lembrou de nada, pois negou a mim. O que sua história não lhe contou foi que a maior parte dela ficou na minha memória, pois eu, contrariamente a ti, não tenho mudado. Permaneci o mesmo desde que deixou a casa do Criador. Nas profundezas do coração, encontrará o caminho de volta para casa. Ali, nossos pais e eu aguardaremos para lhe dar as boas-vindas. Tudo isso porque, desde a noite dos tempos, éramos unidos, e unidos permaneceremos depois de os tempos acabarem. No além, nós o ouvimos a chamar o Supremo por todos os nomes. Muitas vezes, ouvi seus gritos na solidão e escuridão da noite. Seu padecimento diante da vida me entristeceu. Infelizmente, não posso salvá-lo de si mesmo, pois existe um lugar no cosmos em que está gravado, desde os primórdios da criação, que somente a alma pode desfazer as ilusões que a importunam. Todavia, o amor em seu coração supera toda miragem. Por isso eu vim lhe trazer a boa palavra — Deixe de olhar para as coisas e olhe para dentro de si. Assim sendo, o mistério da vida ser-lhe-á revelado."

Quando Haroldo retomou a consciência, o viajante já havia partido. Esse episódio ficou gravado em sua alma. Desde aquele momento, parou de reclamar da vida e começou a observá-la. Na contemplação de si e do mundo que o rodeava, encontrou-se diante de uma pintura famosa e compreendeu que a perfeição daquela obra não estava na ilustração em si, mas nos pequenos detalhes que esta apresentava, detalhes que só o olhar profundamente aguçado pode notar.

Assim, Haroldo percebeu que o sentido da vida estava nas minúcias da existência. E tudo que lhe parecia imperfeito começou a lhe manifestar certo encanto. A existência em sua totalidade pareceu-lhe bela novamente, pois ele havia-se tornado uma alma feliz, como uma criança que encontra regozijo em tudo que vê, toca e sente.

A visita do viajante havia mudado a vida de Haroldo para melhor. Desde então, este decidiu fazer o mesmo para com seus semelhantes. Por onde passava, falava do Amor, levando as pessoas a perceberem a manifestação da "Felicidade", essa coisa tão desejada por todos, nas particularidades da existência, nos pontos mais ínfimos do momento presente — o Agora.

O voo

Alguns dias se passaram e Eduardo estava ainda assimilando tudo que estava acontecendo ao seu redor. Era uma manhã suave, diferente da última noite que havia sido um pouco conturbada com muitos pensamentos e confusões. Por isso, ele não perdeu a oportunidade de ver a natureza e seus componentes em sua exuberância. Da beira do rio Sita, podia contemplar a magnificência do Supremo.

O forasteiro vinha se preparando para ver as coisas como essas aparentavam ser. Entretanto, a proeza daquela manhã revelou outra faceta daquele mundo. Contudo, a verdade é que não havia nada de novo, a não ser a natureza e apenas a natureza. A vista da paisagem sempre foi a mesma, o que talvez tivesse mudado foi a visão do observador. Posto diante de tanta beleza, o forasteiro teve que fechar os olhos por um instante. Ao abri-los novamente, testemunhou o voo de uma águia. Era lindo de se ver. Isso o levou a pensar no conceito de liberdade. "Quando eu transcender, quero ser livre como uma águia", ponderou ele.

Em seguida, sentiu no rosto a perfumada brisa da criação e se alegrou de poder experimentar a sensação de ser livre naquela manhã. Em seu olhar, nada mais havia além da quietude, pois sabia que logo se juntaria ao mestre que lhe ensinaria sobre a liberdade genuína.

De repente, a voz de Haroldo fez-se ouvir: "Bom dia, filho". Ao vê-lo, Eduardo expressou: "Dizem que a comunicação entre mestre e discípulo é inevitável". De maneira enfática, Haroldo respondeu: "Na espiritualidade, sim, mas nem sempre na materialidade".

— Senhor, agora mesmo contemplei o voo de uma águia e isso me fez pensar no conceito de "Liberdade". Logo, tive uma breve sensação de estar livre, porém tenho minhas dúvidas a respeito.

— Assim como a escravidão, a liberdade é tanto física quanto mental. O homem não consegue se colocar fora da sociedade. Nasce, cresce e morre no seio dela. Por todo lado, há padrões a seguir, e eles acabam determinando sua personalidade. O homem se acha livre, enquanto sua mente caminha de corrente em corrente, sem jamais ser livre de si mesma.

Os dois homens ficaram reflexivos por um breve momento.

— O que pensa de um pássaro preso numa gaiola? Ele está livre ou não? — prosseguiu o mestre.

— Ele definitivamente não está livre.

— Cuidado com tanta certeza, mas vamos supor que esteja certo. Agora, imagine que abríssemos a gaiola e pedíssemos para o pássaro ir embora. Duas coisas podem acontecer: o pássaro pode querer ficar com o dono por razões desconhecidas ou simplesmente voar. Certo?

— Claro!

— Agora, imagine que esse pássaro nunca tenha visto outro pássaro voar. Tem asas, mas não sabe para que servem. Então, mesmo não estando na gaiola, não saberia o que fazer nem para onde ir, pois nunca teve o exemplo do que poderia fazer. Esse pássaro é parecido com o homem que se encontra norteado pelos padrões da sociedade. É aquele que se identifica com os amigos ou vizinhos e jamais consigo mesmo. Aquele que anda junto à multidão sem saber aonde vai e nem sequer o porquê dessa mobilização. O homem que vive na comodidade, contentando-se com as ideologias alheias. Muitas vezes, nem chegou a investigar a história dos ideólogos, porém adota suas ideologias como modo de pensar. Acha que detém a verdade, no entanto ignora que a verdade está sempre além daquilo que os olhos podem enxergar. O pássaro, assim como tal homem, encontra-se mentalmente acorrentado apesar de ser livre. Ambos precisam voar.

— Mas como o pássaro poderia voar? O senhor mesmo disse que ele nunca viu outro pássaro voando. Assim como o homem, o pássaro não sabe que voar é uma possibilidade.

— Claro! O pássaro, nessa condição, não poderá enxergar outra possibilidade além de vaguear dentro da sua gaiola. O homem, por outro lado, não vê outra opção além de ser comum. Ele está confortável em sua prisão mental e não consegue imaginar outra realidade além. Agora, imagine que o pássaro, em toda sua agonia, começa a se questionar: Quem sou eu? Por que ando sem rumo? Para que servem minhas asas? O que posso fazer além de vagar?

Haroldo fez uma breve pausa, enquanto Eduardo se mantinha completamente absorto nas palavras que ecoavam no ar daquela atmosfera. Eram as palavras de um ser majestoso.

— O autoquestionamento começa a elevar a consciência do pássaro. Ao investigar a si mesmo, esse acaba descobrindo todas as possibilidades que a vida lhe oferece. O homem deve fazer o mesmo, deve deixar de ser comum e aprender a ser ele mesmo e, portanto, poderá explorar os mundos verdadeiros. Tal como o pássaro, ele poderá voar o mais alto possível e contemplar o universo em toda sua magnitude — continuou o mestre.

— Entendi que, se o homem se tornar incomum, poderá conhecer os mundos verdadeiros, porém essa incompatibilidade entre ele e a sociedade não lhe causará dor e sofrimento?

— Sim, mas num único aspecto.

— Qual?

— Se ele decidir se colocar fora ou contra a sociedade.

— Como pode o homem não se colocar fora ou contra a sociedade quando ele decide ser incomum? Estou um pouco confuso neste momento.

— Ora, veja bem, imagine como se você estivesse numa sociedade em que a corrupção, embora proibida pelas leis, tornou-se um hábito consciente (ainda que, muitas vezes, parte do povo fosse inconsciente dela). Eduardo, com todo seu caráter, você cometeria atos de corrupção numa tal sociedade?

— Não! Jamais eu cometeria um ato de corrupção.

— O fato de você não praticar atos de corrupção numa sociedade corrupta não o torna incomum em relação com resto do povo?

— Sim, com certeza!

— Posso eu dizer que está se colocando fora ou contra a sociedade por não praticar a corrupção, como muitos outros homens?

— Certamente, não.

— Então, sendo incomum no seio da sociedade, pode muito bem viver com mais tranquilidade que inquietude. Existem algumas maneiras de se fazer isso. Em primeiro lugar, é imprescindível que respeite as leis que regem a ordem na sociedade. Não é porque sou incomum que não devo respeitar a lei do país ou da região onde me encontro. Nenhuma liberdade é mantida sem ordem e ninguém pode ser coagido a ser livre. Em segundo lugar, deve sempre ter em mente que sua liberdade individual pode se chocar com a do outro. Por isso, sua liberdade termina onde a minha começa. Tenho a liberdade de me embebedar, porém devo fazê-lo conscientemente. De maneira alguma, posso eu deixar o álcool me conduzir a ponto de brigar, assediar mulheres na rua, ou causar acidentes no trânsito. Então, o que eu posso fazer é me policiar na minha liberdade para que ela não invada o limite do outro. Voltando ao pássaro que encontrou sua liberdade e que, por autoinvestigação, entendeu que deve explorar o mundo. Quando no ar, entenderá que o céu tem suas próprias leis e que não pode voar de forma inconsciente. Entenderá que, às vezes, não se pode voar mais alto do que sua condição permite. Perceberá que não pode ficar no ar para sempre e que, de vez em quando, deverá voltar para a Terra. Perceberá que, debaixo do sol, as regras não são as mesmas que no céu e que, se quiser sobreviver, terá que conciliar as leis do céu com as da Terra. Todo esse entendimento lhe proporcionará uma linha de sobrevivência. Em sua gaiola, não precisava se preocupar com sua segurança, mas fora, ele entende que toda liberdade traz consigo certas responsabilidades.

— Mestre, assim como o pássaro, o homem também precisa conciliar suas leis com as leis divinas?

— Sim, necessariamente.

— Por outro lado, parece-me que a liberdade sem responsabilidade incorre em libertinagem.

— Exatamente isso! Ainda há um ponto importante que devemos comentar. Lembra-se do início da história?

— Lembro, sim!

— Então, imagine que o pássaro nunca tenha sido livre. E que, durante sua vida inteira, esteve na gaiola. Há uma possibilidade de ele ser livre estando preso?

— Eu diria que ele não está livre, mas não tenho mais a mesma certeza que eu tinha no início da nossa conversa.

— Por quê?

— Dos pássaros sei muito pouco, porém dos homens, posso dizer algumas coisas. Conheci um homem nas Terras do Sul que havia passado mais de dezoito anos encarcerado por razões políticas. Cheguei a lhe perguntar sobre como havia se sentido na prisão, e ele me respondeu: "No início, tive minhas dúvidas, mas hoje tenho convicção da minha liberdade. Não importa mais onde estou ou o que faço, meu coração está sempre livre".

— Você chegou a entender a fala daquele homem?

— Pareceu-me que ele não se preocupava mais com as cosias do mundo.

— Sim, é verdade! Para aquele homem, nada mais importava a não ser o fundamento da vida genuína. E o mais importante era saber que tudo, que materialmente inquieta, acorrenta o homem. No fim das contas, a liberdade é apenas um estado de consciência. Em outras palavras, chama-se: Desapego. Portanto, se realmente quiser ser livre, deixe de se preocupar com as coisas deste mundo. Ame e observe o Todo e o Nada ao mesmo tempo. Não julgue, não condene. Olhe atentamente e olhe simplesmente para tudo que está dentro e fora de você. Assim fazendo, entenderá a si mesmo para depois conhecer os mundos reais. Isso é ser livre de verdade. De tudo que foi dito, lembre-se de uma coisa: só quem se abandona à vida viverá plenamente. Isso é Plenitude.

O segredo do rio Sita

Certo dia, enquanto o forasteiro rumava à sua casa, sentiu a necessidade de parar um instante para contemplar a vida ao seu redor. No horizonte, viam-se as nuvens douradas cobrindo os picos dos montes distantes. O sol, lindo como o sorriso de uma criança, havia-se posto no coração do céu. Os olhos do forasteiro percorreram tudo que havia ali até pousar-se no rio Sita, essa corrente sagrada, um presente do Supremo que permeava a terra de Kunda.

Atônito, Eduardo ficou parado ali por um bom tempo, totalmente entregue ao espetáculo de Sita, que lhe parecia ter vindo de longe — de muito longe para regar a existência por onde passava. Através da observação, o forasteiro tentava desvendar o segredo do rio.

Talvez fosse nada demais a não ser o curso de um rio qualquer. A verdade é que Sita corria como sempre correra, ora mansidão, ora alvoroço — igual à vida. A dança de suas águas assemelhava-se — ora à brisa que mesmo sendo intocável, acaricia o rosto de todos; ora ao tempo que corre e corre, indo aonde não se sabe, esbarrando em milhões de mundos e suas civilizações sem nunca parar.

Algum tempo depois, Eduardo sorriu consigo mesmo, pois tinha acabado de perceber que o rio Sita se parecia muito com a vida. Sorriu mais uma vez porque compreendeu isso apenas pela contemplação, no momento presente e não através dos pensamentos.

Por meio da quietude do espírito, onde não havia nenhum devaneio, Eduardo se abandonou à vida e, pela simples observação, entendeu um dos grandes mistérios da Criação. Nessa tranquilidade total, ponderou: "Será este o estado da plenitude de que falava o mestre? A vibração em que se conhece as respostas sem ter que fazer as perguntas?"

Como não havia ninguém ali perto para lhe responder, deu prosseguimento ao seu caminho de volta para casa. Algo em seu âmago havia mudado. Entretanto, ele ainda precisava de mais experiências para, um dia, poder manifestar essa transformação no mundo físico.

Não é preciso cruzar as estradas que percorrem a face da Terra em busca da verdade. Olhe para dentro de si. Ali guarda-se o encanto de todo o universo.

O Caminho do coração

Com o sol flamejando, o trabalho no campo estava árduo. Nesse dia, Eduardo precisou de um tempo para descansar — descansar não somente o corpo, mas também a mente. Foi assim que pensou em Samah. O mestre lhe dissera, num determinado momento, que só quem estiver no topo da montanha conhecerá o repouso eterno. Os dias que se passaram, após essa fala do mestre, foram dias de empenho para Eduardo, que tentava subir a montanha com afinco, porém sem sucesso. Naquela hora, tirou um momento de folga e tentou novamente. Não conseguiu. Um pouco desmotivado, parou ao sopé da montanha, olhou para o céu e se perguntou: "Como posso encontrar repouso no ponto mais alto da montanha se eu não consigo superar a mim mesmo?" Com essas palavras, deitou-se no chão enquanto sua mente agitava os pensamentos. Assim, permaneceu por horas sem encontrar descanso.

De repente, ouviu uma voz dizendo: "É tanta beleza ao redor de Samah que não se pode deixar de pensar". O mestre foi até o discípulo e isso não é o que geralmente se espera nas práticas espirituais. O forasteiro, então, na dúvida entre se sentir incomodado ou lisonjeado, disse: "Estou surpreso pelo fato de o senhor vir até mim. Porque nós dois sabemos que nada tenho a oferecer".

— Vai chover hoje e amanhã, a natureza recuperará seu frescor — disse o mestre, ignorando a frase do discípulo.

— É verdade. O sol me parece mais bravo hoje.

— Diga-me, como foi o seu repouso?

— Agoniantes foram os pensamentos, porém, agradável foi a imaginação. Não consegui me concentrar no descanso, sabendo que há uma grandiosa beleza me esperando no topo da montanha. Não podia parar de pensar em quem está por trás de tudo isso. Só de estar no sopé da montanha, vejo-me maravilhado por tanta grandeza.

Parado aqui, olho para o mundo e vejo o infinito. Dizem que para tudo há uma causa, mas olhando para a criação com atenção, percebo certo vazio. A natureza é tão verde que parece que ela nunca envelheceu. Contudo, testemunhou a história dos primeiros homens. Mestre, ainda não conversamos a respeito do Supremo, o Grandioso Ser, o Criador da própria criação.

— Não precisa procurar longe, pois até mesmo quem já contemplou o belo rosto do não-manifesto desconhece as palavras para descrevê-lo. Agora, diga-me, como se pode falar das coisas que existem sem falar do Supremo, sabendo que sem Este, não haveria existência nenhuma?

— O que eu quis dizer é que não chegamos a tratar especificamente do assunto.

— Com o passar do tempo, perceberá que o assunto do Supremo é o assunto de todas as coisas que se pensam e que se falam.

— Qual é o caminho para chegar ao Supremo? — perguntou Eduardo, não prestando atenção a última frase do mestre.

— É o caminho que não observa nenhuma divisão. Em verdade, todo caminho chega ao Supremo, porém apenas a vereda do coração tocará o Céu dos céus.

— "Todo caminho chega ao Supremo". Essa foi exatamente a resposta do velho Bokô quando da minha passagem pelas Terras do Sul. Pela primeira vez, ouço dois homens falarem a mesma coisa a respeito do Supremo.

— Que interessante! Conte-me um pouco dessa história.

— Adoraria, mas primeiro gostaria de voltar à questão do Supremo. No primeiro país das Terras do Leste, não me arrisquei a tocar esse assunto. Isso poderia ter me custado a vida. Por toda parte do planeta, os homens são convencidos de seus múltiplos deuses. Eles se odeiam, brigam entre si e não percebem que, na realidade, dizem as mesmas coisas — prosseguiu o forasteiro, após uma breve pausa. — Eu pensava que o assunto do Supremo devia sempre unir e nunca dividir.

— No caminhar de toda civilização humana, haverá sempre um Santo, assim como Mensageiros do Supremo. Somente quem escuta pelos ouvidos do coração reconhecerá nas múltiplas formas a manifestação de um Criador único. Por isso, eu lhe disse que jamais o assunto do Supremo poderá ser específico. Entende agora?

— Sim! Ficou mais claro.

— Eduardo, dizem que os homens do segundo país das Terras do Leste são moderados quando falam do Divino. Não percebeu isso em sua viagem?

— Percebi, sim. Inclusive, por isso, tive o prazer de morar lá por mais de oito anos. Mas eu acabei me preocupando unicamente com a busca da "Iluminação". Essa busca se tornou uma obsessão para mim. Creio que isso, de algum modo, retardou meu crescimento espiritual.

— Explique-me um pouco mais.

— Os mestres, que eu seguia na época, diziam que a "Iluminação" está além do apego. Diziam que eu devia conhecer o desapego antes de qualquer passo no caminho da autorrealização. O problema foi que, em oito anos, eu jamais consegui me desapegar totalmente do desejo. É mais paradoxal do que parece, pois meu único desejo era a própria "Iluminação", a única razão pela qual eu sentia alegria em viver. Tentei bastante me desapegar desse desejo, porém não consegui e foi assim que acabei desistindo dessa busca interior. Lembro-me agora do que conversamos naquele dia em que assisti o voo da águia. O senhor me disse: "E o mais importante era saber que tudo, que materialmente inquieta, acorrenta o homem. No fim das contas, a Liberdade é apenas um estado de consciência. Em outras palavras, chama-se: Desapego". Agora vejo que, durante toda minha viagem, estive mais preso do que livre. Porque não consegui soltar a ideia fixa da "Iluminação". Não me rendi ao processo natural das coisas.

Haroldo se deixou calado por um momento e, após um suspiro, disse com voz alegre: "Que bela reflexão, Eduardo! Falaremos mais sobre isso oportunamente. Quanto ao velho Bokô, como foi a história?"

Os dois homens estavam sentados no sopé de Samah diante de uma magnífica vista da natureza. Eduardo já estava prestes a contar a história de seu encontro com o velho Bokô. Entretanto, não demonstrava pressa. Havia, em sua paciência, um pouco do silêncio das árvores. Quanto a Haroldo, nenhuma ansiedade ocupava seu rosto. O mestre sabia que o coração que se apressa não conta boas histórias.

O velho Bokô

Sobre o velho Bokô, Eduardo contou a seguinte história:

Havia-se passado um mês desde que eu saíra do Leste para o Sul de navio. Eu mal contava as horas para desembarcar. Mas a viagem não fora sempre assim. No início, tudo parecia alegre. Nas primeiras manhãs, eu ficava encostado na proa do navio, olhando para a imensidão do mar. De tempo em tempo, quando a máquina parava para recuperar seu fôlego, eu escapava rapidamente do espetáculo do oceano para observar o refinamento das nuvens do céu. Esse espetáculo era dos mais belos e, toda manhã, ia até a proa do navio para contemplar a linda paisagem. Por mais de quinze dias, observei a infinidade do mar e pensava em palavras belas a respeito da natureza. Tudo corria bem até que um dia deixei a sensação da mesmice me conquistar. Sem demora, a impaciência tomou conta de mim. Deixei de apreciar o belo e, na tentativa de fugir do mar, entreguei-me ao tédio. Naquele momento, tudo que eu desejava era voltar para a terra firme. Com esse sentimento no peito, tranquei-me em minha cabina pelo resto da viagem. Num transatlântico com mais de quinhentos passageiros a bordo, vindos de todos os lugares do mundo para conhecer as Terras do Sul, passei dias e noites solitário em minha cabina, até que o navio, finalmente, acostou no porto da mais famosa capital daquele continente. Quando ouvi a chamada para o desembarque, dei um salto e logo me encontrei fora do navio, no coração da capital. Sem nenhuma dificuldade, consegui um quarto num hotel. Exausto, só precisava de um bom sono.

Pulei na cama em pleno dia e, sem nada a pensar, caí no sono. Enquanto dormia, fui acordado por gritos de um grupo de pessoas reunidas ao lado do prédio do hotel, num terreno abandonado. A euforia era tanta que chegou a me ensurdecer por um momento. Levantei-me com certa frustração, coloquei apressadamente uma camiseta e fui até a janela para ver o que estava acontecendo. Os homens estavam todos agrupados, formando um círculo relativamente grande. Dentro deste, havia outros homens ou, pelo menos, foi o que pensei na hora. Esses seres estavam vestidos da cabeça aos pés em trajes multicoloridos. Percebi na hora que não havia como esses seres sobreviverem com o corpo tão coberto sob um sol de mais de quarenta graus. Nenhum homem seria capaz de tal proeza. Então, movido pela curiosidade, desci as escadas com pressa e juntei-me ao agrupamento para ver o espetáculo. No meio do círculo, viam-se seres extraordinárias com postura humana que praticavam literalmente a arte da magia. Faziam coisas aparecerem e desaparecerem. Surgiam em dois ou três lugares ao mesmo tempo. Os de pequeno porte podiam carregar até dois veículos sem deixar de caminhar tranquilamente. Eram seres sobrenaturais que desmistificavam a arte da magia para os olhos humanos. Eu não podia acreditar naquilo que estava vendo. Nunca tinha visto coisa tão grandiosa. Aqueles seres se transformavam em diferentes animais e árvores e, logo, voltavam a seus aspectos aparentemente humanos. Além de serem charmosos, praticavam a magia com certa elegância. A harmonia de seus movimentos formava uma dança que ritmava de acordo com a cadência dos tambores e cantos celestes orquestrados exclusivamente pelos iniciados. Tudo aquilo era extraordinário. Um espetáculo tão insólito que eu cheguei a me perguntar se tudo aquilo era sonho ou realidade. Para minha estupefação, era realidade, sim.

Se me lembro bem, na véspera daquele dia, ainda no navio, minha personalidade irritada pensava no "bailar" como uma soma de movimentos sem rumo. Mas naquele dia, vislumbrei, através dessa dança, uma das variadas facetas da arte que transborda o movimento. Tudo isso não tinha lógica para mim. Então, aproximei-me de um homem do grupo que formava o círculo. Pela sua vestimenta, parecia ser um professor. Cumprimentei-o e perguntei: "O senhor poderia me dizer o que está acontecendo aqui?" O homem respondeu: "Esses seres fazem a magia acontecer. Isso nos mostra que é possível tocar o céu, estando na Terra. Isso é a prova de que nada é impossível para o homem".

— Como assim? perguntei de imediato.

— Esta cerimônia é para celebrar a comunhão do homem com o mistério. A união do indivíduo com a Unidade quando o manifesto se une ao não-manifesto — explicou o homem.

— O que são esses entes que se movem no meio do círculo? — indaguei.

O homem olhou fixamente em meus olhos e, com um sorriso acolhedor, voltou: "São fantasmas daqueles que partiram. Em nossa cultura, a morte não é o fim, é o começo. Estamos aqui hoje para celebrar nossa vida eterna, pois ontem fomos, hoje somos e amanhã seremos. Contudo, nunca deixamos de ser. Como pode a morte dar um fim àquilo que nem nascido é? Diga-me, forasteiro."

— Não sei mais o que dizer. Essa cerimônia é simplesmente maravilhosa. Estou fascinado por tudo isso — respondi.

O espetáculo chegou ao seu fim. Depois que a multidão se dispersou, sentei-me no tronco de uma árvore, bem no lugar que formava o centro da cerimônia. Pensei comigo mesmo: "A vida é bela! Como posso me irritar com coisas tão pequenas?" Jamais imaginei presenciar tamanha riqueza manifestada! Embora eu acreditasse em algo além do que se vê, fiquei extasiado. Naquele instante, senti profunda gratidão pela oportunidade de compartilhar desse momento de "além-vida".

De repente, enquanto estava sentado e submerso em um mar de pensamentos, ouvi uma linda e charmosa voz, dizendo: "Oh, forasteiro! Atravessou o oceano só para contemplar a beleza da minha terra?" Mais assustado do que surpreso, levantei-me bruscamente e virei para ver meu interlocutor. Era um homem velho, magro e alto. Apesar da expressão pálida em seu rosto, tinha uma aparência brilhante. O verde de seus olhos me remeteu ao esplendor da natureza. Havia algo de misterioso em suas feições. Ele olhou para mim e disse: "A vida é sagrada. Por isso, deve enxergar, na cerimônia, a consagração de todas as coisas que faz. Em outras palavras, seja consciente do momento presente e, assim, entenderá o sentido da existência."

Naquele momento, passou diante de nós um homem, aparentemente desatinado, que falava sozinho e gesticulava. Olhando para a cena, o ancião me perguntou: "Sabe me dizer quem é este homem?" Naturalmente, respondi que era um louco.

Logo depois, eu podia enxergar certo desencanto no rosto do velho. Ele olhou para mim com amor e disse: "Só um homem louco pode reconhecer a loucura de seu semelhante. Oh, forasteiro! Você é louco?" Repliquei em voz alta que não. Ele continuou: "Mas então, por que julga uma pessoa que não conhece?" Repliquei que era porque aquele parecia louco. O velho olhou para mim gentilmente e, com um semblante que parecia nunca ter perdido a doçura do sorriso, prosseguiu: "Disse isso porque obedeceu ao seu pensamento. Entretanto, seu pensamento talvez não saiba da verdade, pois é produto dos preconceitos e crenças da sociedade. Em vez de olhar para o desconhecido, preferiu olhar para seu pensamento. Você nem sequer prestou atenção às palavras daquele homem. Oh, forasteiro! Que pena! A verdade é que aquele homem estava louvando o Supremo numa linguagem que muitos desconhecem. A sociedade cuidou de preencher seus pensamentos de padrões e o fez acreditar que aquilo que pensa decorre da sua convicção. Com essa falsa convicção, acabou de lançar uma ofensa a um desconhecido. Em vez de agir dessa forma, poderia ter dito: 'Não conheço o homem, mas posso investigar quem é'. Agir dessa forma é agir fora da curva, é ser autêntico, ser verdadeiro. Portanto, preste atenção ao condicionamento social que paira sobre suas escolhas e seus gostos. Para entender o desenho da vida, é preciso perceber a ilusão do mental. Facilmente, a mente nos aprisiona e não temos consciência disso, porque somos nós mesmos que construímos a prisão, nossa prisão. Em seguida, entregamos a chave do cárcere à nossa mente e lhe pagamos com a moeda dos desejos para que ela nos mantenha em conforto em nossas celas".

— Como se pode disciplinar o mental? — perguntei.

— Se não controlar a mente, ela o controlará e um dos estratagemas que ela usará será o medo. Ela o fará pensar que não pode ser feliz sem satisfazer seus prazeres efêmeros. A corrida da vida já está lançada, e você deseja e deseja, sem jamais se satisfazer, até se tornar escravo de seus próprios desejos. Esses desejos representam as correntes pelas quais a mente o mantém cativado — o ancião ficou pensativo por um breve instante e prosseguiu. — Mas não somente você passa por isso. Eu mesmo já fui escravo do mental.

O velho me contou como tinha sido um escravo mental e, finalmente, afirmou: "Tornei-me mestre de mim mesmo e do mundo quando comecei a amar meu próximo, quer ele fosse do Norte ou do Sul. Foi assim que percebi a liberdade fluindo no meu coração, o coração do Ser. Após essa descoberta interior, tomei a decisão de ir em busca do Supremo. Mas no meio da estrada, desisti e voltei para casa".

— Qual é a razão dessa decisão? — perguntei, o olhar surpreso.

— Porque três coisas mudaram a visão que eu tinha da vida. Encontrei, no sorriso de uma criança, o amor que liga a criação ao Criador. Encontrei, no silêncio do deserto, a voz que me guia desde sempre, desde aquele tempo em que o universo ainda não tinha sido manifestado. Encontrei, na escuridão da noite, a luz de mil sóis, a luz que nunca deixou de iluminar a noite daqueles que trilham a vereda do coração.

— O que é a vereda do coração — inquiri.

— É a estrada que guia o filho pródigo até o Pai Absoluto. É o caminho da Unidade, o caminho que contempla todo caminho. Em verdade, todo caminho leva ao Supremo.

— Qual seria, então, a razão pela qual fomos ensinados a sempre escolher entre a dualidade do bem e do mal, se o caminho já é Uno?

— Observe o paradoxo humano quando o homem clama pela exatidão de sua matemática, enquanto não consegue definir o infinito que caminha de 1 até 2.

— Está dizendo que a realidade é aquilo que não se vê?

— Sim, a Verdade Suprema é aquilo que não se manifesta. Mas ao mesmo tempo, é aquilo que só o coração vê.

Sem palavras ditas, continuei ouvindo o ancião. Com seus olhos verdes voltados para o céu, perguntou-me: "Por que veio aqui em busca daquilo que não se encontra nas formas? Por que não deixar a doce melodia do seu coração guiá-lo até a sua verdadeira morada? Lá, o que foi esquecido aguarda por você."

Ainda sem reação, nenhuma palavra conseguia fluir de mim. Eu parecia contemplar a sabedoria do velho, enquanto emprestava-lhe meus ouvidos. Ele prosseguiu, dizendo: "Um dia, no pé de uma montanha qualquer, em algum lugar deste mundo, não muito longe do seu centro, encontrará o caminho para sua verdade, e logo reconhecerá o mensageiro da boa palavra. No entanto, lembre-se de não se apegar à montanha e nem ao mensageiro. Pois só você poderá caminhar até seu próprio centro. Isso acontecerá quando compreender a lei que governa todas as leis — a Lei do Amor. Agora, vá para casa."

Nos olhos do ancião, repousava a verdade e, quando olhei para ele, soube naquele instante que eu tinha que voltar para as Terras do Centro, para minha casa.

— Grande sábio, qual é seu nome? — perguntei, antes de me despedir dele.

— Para você, serei o velho Bokô.

Alguns dias depois, empreendi o caminho de volta para casa.

Mestre, essa é a história do meu encontro com o velho Bokô. Entretanto, devo dizer que até hoje não entendo muita coisa que ele disse. Creio ter pegado o significado das frases de forma literal. Mesmo assim, ainda posso sentir as marcas dessas palavras gravadas no meu ser.

As gotas de uma suave chuva começaram a molhar o chão.

— A chuva chegou. Observe-a atentamente e encontrará nela o porquê de os sábios falarem por enigmas — disse Haroldo.

Após essas palavras, o mestre foi embora. O discípulo se manteve silencioso, procurando ser uno com o firmamento. Sentado no sopé da montanha, tentava desvendar o segredo da água que caía do céu. Logo, percebeu que o conjunto das gotas formava a chuva, contudo cada gota era única e plena.

Quando se ama a filha, ama-se os pais também. Então, se desejar o amor do Criador, aprenda a amar todas as suas criaturas. Todas, sem exceção, desde a pedra no pé da montanha até a estrela brilhante do céu.
Aprenda a amar todas as coisas, animadas ou não, pois nelas, encontra-se a pinta do Artista Universal.

A divisão

Certa noite, a nostalgia tomou conta de Eduardo. As lembranças de seus familiares e entes queridos tirou sua quietude. Lembrou-se de momentos de carinho, reciprocidades e festejos. Isso aquecia seu coração, mas também trazia saudade. Sentiu falta daquele amor. Com esse sentimento vibrando no peito, procurou o mestre.

— Conversamos sobre inúmeros assuntos, mas ainda não lhe perguntei, especificamente, sobre o amor. Mestre, fale-me sobre o amor.

— Como se pode falar de tudo sem falar do Amor, já que o Amor é tudo?

— Não estou falando do Amor transcendente. Estou falando do amor que une os seres humanos, do amor que cria civilizações e funda sociedades, do amor que emana das relações humanas. Não dissemos nada sobre isso.

— Temos o vil hábito de fomentar divisão onde há unidade. Não percebemos que somos parte do todo e que, junto ao todo, formamos uma única coisa. Fomos enganados pelo falso ego e, desde então, buscamos nos distanciar da Terra que nos viu nascer. É voraz nossa vontade de ser individual. Não entendemos que ser "indivíduo" significa ter consciência de si mesmo numa estrutura que nos compreende. Somos como o filho pródigo que se esqueceu do rosto do pai. Por que separar o transcendente do imanente? Será que todas as coisas não decorrem da mesma fonte?

— Não consigo entender.

— A sociedade criou padrões de amor, formas convencionais de enxergar o amor entre os homens. Em primeiro lugar, tem o amor que os liga ao sagrado, e já aí eles fomentaram divisões. Um diz que o criador do Norte é o melhor, outro diz que o criador do Sul é melhor ainda. Cada um tenta, de algum modo, impor seu criador a outrem. A loucura humana não parou por aí. Fez o homem pensar que o amor pela pátria é sinônimo de superioridade sobre os países vizinhos. Por todos os cantos, fronteiras foram erigidas. Tudo que o filho da pátria deseja é ser superior aos filhos da pátria vizinha. Caso isso não seja suficiente, ele quer assenhorar-se de seus vizinhos e escravizá-los. Pior ainda, a insensatez transbordou as múltiplas personalidades. Neste estado de consciência, não se faz mais questão de levar o ódio para fora das fronteiras. Agora, pode-se odiar seus próprios irmãos, os filhos da mesma pátria. Daí os rótulos são criados, a discriminação se torna uma normalidade, os privilégios se criam. Ainda sob o jugo das paixões, os homens entendem que o amor entre duas pessoas deve forçosamente respeitar o padrão convencional da sociedade. Qualquer um que voluntária ou involuntariamente se coloca fora desse padrão será excluído e rechaçado pela sociedade. Isso é amor?

— Acho que o amor verdadeiro deve sempre agregar. Não deve instigar ódio e nem divisão.

— Então, diga-me: por que razão você mesmo começou separando o amor de sua origem? Pode um edifício qualquer subsistir sem fundações?

— Não, mas a nossa percepção do amor foi o que nos foi ensinado.

— Eu também já estive nesta posição. Fui ensinado a tudo engolir e nada questionar. É assim viver em sociedade. No entanto, não há como dividir aquilo que é indivisível. Não se pode chegar à luz caminhando pelas trevas. Quem ama, ama simplesmente e não há nada de divisão no ato de amar. No perfeito estado de espírito, tudo que o homem deseja é amar, e amar simplesmente. O pai percebe, então, que todas as crianças da nação são suas. Da mesma forma, o filho da pátria percebe que o amor e o respeito dados ao filho da pátria vizinha trariam paz ao seu reino.

— Alguns dos meus amigos dirão que tudo isso é utópico e que o homem jamais chegaria a esse estado de tranquilidade.

— Os homens são orgulhosos. Deixam de acreditar no Todo, mas acreditam em si mesmos. Quem seriam eles sem o Todo que os compreende?

— Eles não percebem que são também partes da Unidade.

— Aquele que perdeu tudo não percebe que tem a si mesmo. Lamenta o infortúnio que o persegue, vive do passado, torna-se vítima do presente e espera que o futuro, que até então desconhece, ofereça-lhe a boa fortuna. Acontece a mesma coisa com aquele que acredita possuir tudo. Em nenhum momento, percebe que não possui a si mesmo. Diz que é conhecedor e que vive da realidade das coisas, porém ignora a realidade que ocupa seu próprio coração. Ele, ainda, não percebeu que sua realidade das coisas é ilusória, já que lhe falta o autoconhecimento para completar o conjunto daquilo que já se sabe.

— Como podem tais homens entender o Amor?

— Amando simplesmente, pois o caminho da procrastinação leva à morte. Por isso, aquele que deseja o amor, em vez de vivenciá-lo no momento presente, será conduzido à ruína.

— Como assim?

— É simples. O ser, que coloca sua felicidade na mão de um futuro incerto, viverá frustrado, pois nunca se sabe quando o futuro lhe aparecerá. Não se pode acreditar que um dia o homem se tornará verdadeiramente amoroso. O que se deve fazer é experimentar o Amor, começando por cada um de nós agora e aqui mesmo. Os que não têm bondade em seu coração se dizem realistas por acreditarem que o homem não pode amar seu próximo. Por se identificarem com essa forma comum de pensar, acham que é impossível termos, um dia, um mundo justo e amoroso. Por desconhecerem sua realidade dentro de uma estrutura maior, ignoram que sua mudança pessoal poderia acarretar a mudança do mundo, pois mudar a nós mesmos é mudar o mundo que nos compreende.

— Percebo que a visão materialista do homem o deixou cego. O intelectualismo exacerbado faz com que ele procure saber de todas as coisas, exceto de si mesmo. Quão ridículo é aquele, que não sabendo de si mesmo, gaba-se de conhecer ou desconhecer o Supremo e seus mundos!

Como se fosse combinado, os dois homens deram uma suave gargalhada.

— Eduardo, não importa como os homens se organizam. Seja em família, seja em sociedade ou civilização, o amor não deve criar divisão. Assim como você mesmo o disse, o amor deve sempre agregar e unir. Na serenidade de uma mente que não julga, o amor simplesmente ama, não questiona e não reclama — disse o mestre, com muita calma.

— Basicamente, temos que disciplinar a mente para chegarmos a um estado de tranquilidade total no que diz respeito à vida em sociedade.

— Exatamente! E pensando bem, já falamos disso há alguns meses.

— Lembro-me, sim. Mas além disso, eu gostaria de saber como funciona o amor de casal. Por exemplo, como podem duas pessoas se juntarem para fundar uma família?

— Não se devem criar padrões quanto à forma pela qual se organiza uma família, uma sociedade ou uma civilização. O amor é livre e sempre justo. Por isso, os homens podem amar da forma que bem entenderem.

— Unindo o amor à sua fonte genuína, percebo que ele só pode trazer alegria e serenidade e que não há nada neste mundo que possa corromper uma verdadeira relação amorosa. Nada pode deter o amor genuíno, nem mesmo as circunstâncias da vida — disse Eduardo. — A nostalgia que doía em meu coração, assim como a distância que corroía minha quietude, acabaram de converter-se em alegria de amar meus familiares e saber que esse amor é recíproco. Melhor ainda, sinto o amor dessa natureza verde que atualmente me cerca e me lembra que o mundo é belo. Neste exato momento, entendo que o Amor permanece em todas as coisas, se nos prestarmos a ver com os olhos do coração.

— Caro Eduardo, fico feliz de constatar que aprendeu bem a lição do Amor. Agora, diga-me: como duas pessoas podem experimentar o amor em um mundo louco? Como podem formar uma família no seio de uma sociedade corrompida e injusta?

— Na tentativa de responder a tal pergunta, observo nada além do medo. O medo não deve incentivar duas pessoas a constituírem uma família. Quando falo do medo, vislumbro: o pavor diante da solidão, o peso dos padrões e rótulos criados pela sociedade e a busca pelo poder, fama ou dinheiro. Em uma sociedade onde a corrupção governa os homens, as pessoas devem aprender a se unir por Amor e não por medo.

Com um breve silêncio como sinal de não saber mais o que dizer, o buscador olhou atentamente para o mestre e prosseguiu: "Na sequência desta conversa, encontro-me capaz de falar do amor. Porém, nada sei do medo, a não ser o sofrimento que ele me causa todos os dias".

Com um bocejo repentino, o mestre manifestou: "O que acha de não desperdiçarmos os conselhos da noite? Dizem que ela é boa conselheira. Talvez, ela possa lhe ensinar melhor sobre o medo".

— Concordo.

— Até amanhã! — tornou o mestre.

O discípulo, então, saiu da casa do mestre em direção à sua morada. Em algum momento, sem razão aparente, começou a temer e, junto com o medo, caminhou da montanha para casa. Ao chegar ao seu aposento, deitou-se à espera do sono — um sono que tardou a vir, visto que o medo o aguardava aos pés da cama.

O mundo que o cerca é o reflexo do que há em seu universo
interior. Então, sinta-se feliz em amar e cuidar do TODO,
 permitindo assim que o TODO o ame e cuide de você.

O medo

No dia seguinte, Eduardo, depois de acordar, dirigiu-se diretamente à montanha Samah. A noite anterior não fora alegre. Tudo que havia desejado era uma noite repleta de conselhos. O que recebera fora uma legião de pensamentos repletos de medo. O mestre, como sempre, parecia aguardar o discípulo no pé da montanha.

— Mestre, ontem, mencionei o medo e, nesta madrugada, ele me acompanhou a cada minuto, impedindo que eu descansasse minha mente e meu corpo. Não consigo parar de pensar nisso. Essa mentalização é automática e quero me livrar disso.

— Imagino como deve ser difícil para você. Conte-me um pouco sobre o que pensa do medo.

— O medo embrutece certos homens, enquanto torna outros medrosos. Seja um homem bruto ou medroso, o medo o tornou covarde. Temos tanto medo que não queremos correr o risco de sermos quem realmente somos. Gostaria de compartilhar com o senhor o que me ocorreu durante minha passagem por Kala, a cidade dos desejos.

— Conte-me, por favor.

— Pelo próprio nome da cidade, imaginei que minha passagem por ali seria breve. Mal sabia eu que lá, na cidade dos desejos, conheceria a pessoa que mais me encantaria durante toda minha andança pelo mundo. Lá conheci Emma. Uma graciosa mulher, de olhar profundo, cor de mel. Seu andar era uma dança para meus olhos, seu falar, uma melodia para minha alma. Seu sorriso me fazia acreditar que o mundo todo era ali, ao seu lado. Isso sem falar em seu coração, bondoso, generoso e confiante na humanidade das pessoas. Vivemos um amor lindo. Era uma história tão perfeita que quase me fez esquecer de tudo que acontecia na cidade ao nosso redor. A luxúria e as necessidades exacerbadas das pessoas resultavam em muita discórdia, brigas, farpas trocadas e até mesmo agressões físicas. A todo momento havia alguma manifestação ou reclamação de alguém que não estava satisfeito com o que possuía, precisava de mais e descontava suas frustrações nos outros. Vivi em Kala por, aproximadamente, um ano. Quando percebi que seria impossível continuar compartilhando de toda aquela desorientação, convidei Emma para partir comigo. Para meu desgosto, ela recusou. Disse que, apesar de me amar, aquilo tudo também fazia parte de quem ela era e ainda acreditava que tudo poderia melhorar e, por isso, ficaria ali com sua família. Desta maneira, continuei meu caminho, abandonando aquele amor. Sabe, mestre, no começo da minha juventude, achava que teria uma vida mais convencional, eu me formaria em Engenharia, casaria, teria filhos e viveria bem. Com o tempo, esse sonho foi se distanciando da realidade, e meu caminho era trilhado somente na solidão. Sempre senti falta de um amor amigo para compartilhar e vivenciar as descobertas da vida. Portanto, ao encontrar a gentil Emma em Kala, a vontade de viver o amor ressurgiu dentro de mim. Por outro lado, partir daquela cidade sem a mulher que eu ainda amava, doeu-me demasiadamente. Era a dor de deixá-la, a dor de ficar novamente sozinho, a dor de ter sentido o amor e de deixá-lo escorregar por entre meus dedos, agora frios e vazios. Às vezes, pergunto-me: será que criei a necessidade de ter uma pessoa comigo?

— Já dizia um sábio: "Quanto maiores as necessidades que o homem cria para si, proporcional é seu grau de insatisfação com a vida".

— Hum... — murmurou Eduardo. — Qual é a relação entre desejo e medo?

— O homem é ensinado a ter necessidades e, após supri-las, apegar-se a elas, desprezá-las e ir em busca de novas. As pessoas vão se identificando apenas com as coisas materiais. Por amar a posse das coisas, o homem passa do estado de mestre ao estado de escravo. No raciocínio da sua mente gananciosa, acaba fazendo-se uno com suas posses. Nesse estado emocional de dependência material e absoluta, um simples arranhão em uma de suas posses é considerado por ele como uma ofensa à sua pessoa. Ele, então, se torna capaz das piores atrocidades. Ofende, corrompe, mente, furta, rouba e mata com o único intuito de possuir as coisas. Observe a seguinte situação: o marido pensa que sua esposa é uma coisa a possuir. Um triste dia, sente-se inseguro quanto ao amor e assassina sua metade.

— Que paradoxo! Como se pode amar e odiar ao mesmo tempo? Não consigo entender.

— O verdadeiro amor não opera nos planos submetidos à dualidade. Amar com sinceridade é enxergar em todos os seres a essência que une todas as coisas. O amor é o ponto de convergência entre os conceitos que divergem, aquilo que sempre agrega e integra, o caminho para a Unidade. Vemos a manifestação disso em relacionamentos amorosos e relações familiares saudáveis. Mas isso ainda é uma manifestação mundana, portanto, sujeita à lei da dualidade. Acontece que o esposo que vier a causar sofrimento à sua esposa nunca a amou de verdade. Nesse tipo de amor ilusório, há menos de um passo entre a paixão e o ódio. Hoje, amamos, amanhã, odiamos e o ciclo se repete até que se torna natural para nós. Diante disso, pensamos: "O amor é assim mesmo. Não é perfeito". No entanto, essa crença é gananciosa. Em nossa era atual, é difícil separar o homem do material. O materialismo invadiu todos os conceitos humanos de tal forma que, antes mesmo de nos relacionarmos com outras pessoas, precisamos criar certa expectativa em relação com elas. Quando elas não conseguem satisfazer nossas expectativas, frustramo-nos e daí o que um dia foi amor se transforma em ódio.

— Quanto a Emma? Teria sido um amor verdadeiro?

— Geralmente, costumamos achar que outras pessoas devem nos completar. O que ignoramos é que já somos seres inteiros e, com certeza, não precisamos nos juntar a outrem para experimentar o amor. O amor não está fora de nós. Por outro lado, é sempre bom se unir a outras pessoas, seja por relacionamento profissional ou amoroso, seja por amizade, pois isso é uma forma de se tornar verdadeiramente humano. Acredito que não deva se preocupar tanto em rotular o tipo de amor que sentiu por Emma. Quanto mais tentar entender racionalmente, mais o medo da solidão poderá abatê-lo. Lembre-se, somos seres inteiros. Inseridos no Todo, ou melhor, na Unidade, não há medo ou solidão. No Todo, só existe Amor. Ao abrir-se para essa conexão, tudo que acontecer em sua vida estará certo. Se alguém chega, está certo. Se alguém se vai, está tudo bem também. É o movimento que dá sentido à vida. Essa dança não pode parar.

— Entendo, mestre.

— Agora, diga-me, o que é então que fazemos diante do medo?

— Diante do medo, nós nos vestimos de personalidades alheias ao nosso Ser Verdadeiro. Por todos os lugares em que passamos, atuamos como atores ou atrizes para que a sociedade possa nos aceitar. São tantas personalidades em ebulição dentro de nós que já não temos ideia de quem somos de verdade. Ah, mestre! Quão miserável é o homem que teme tornar-se quem realmente é, apegando-se à sua imagem, às pessoas, às coisas, aos cargos profissionais, às posições sociais etc. A cada instante de nossas vidas, nossa mente nos lembra de que podemos perder aquilo, aquele ou aquela. A mente não cansa de nos atormentar com tantos medos. Com o passar do tempo, pensar dessa maneira acaba se tornando natural para o homem. Agora, veio-me uma pergunta, como se pode aniquilar esse padrão de apego?

— Se quiser domar o apego, pratique o desapego.

— Para eu acabar com o medo de perder meus familiares e as pessoas que amo, devo, então, me afastar deles?

— Não. A boa prática do desapego se encontra no equilíbrio do Ser. É como uma mãe que ama intensamente seu filho, mas deve deixá-lo se casar com outra mulher para seguir sua vida. O fato de a mãe deixar o filho partir com outra mulher não significa que ela não o ama. Isso é justamente o exemplo do amor verdadeiro, pois nele não há nada de egoísta. Entende?

— Entendo, sim.

Eles se calaram. Haroldo sorriu com satisfação. Eduardo se levantou e através de seus olhos, via-se o júbilo de poder beber da fonte de sabedoria que emanava de seu interlocutor. Em seguida, agradeceu ao Augusto e foi ao campo trabalhar na terra. Após a labuta, encontrou-se novamente com o mestre. Quanto ao medo, tinha ainda algumas dúvidas a sanar.

Meditação e Contemplação

No céu nem claro nem sombrio, o sol se despedia aos poucos de Kunda, enquanto seus raios rosados pintavam o mais belo quadro da existência aos olhos humanos. A própria Samah havia-se tornado uma montanha de ouro e brilhava como se fosse a única do mundo. A noite estava a caminho e a cidade toda parecia aguardá-la, visto que tudo nela estava imerso em um profundo remanso.

Sentados ao pé da montanha, Haroldo e Eduardo deliciavam-se com a magnificência da criação. Era tudo muito belo, tudo muito viçoso e encantador. Depois de se deleitarem com essa comida divina, destinada aos olhos do coração, o mestre disse: "É na união da noite e do dia que se encontra o esplêndido rosto do Supremo. Olhe para o céu, ali está o semblante da Alma Grandiosa".

Eduardo se pôs a contemplar o firmamento e logo seu rosto se iluminou, pois estava testemunhando a grandiosidade do Ser Supremo. Após uma respiração profunda, seguida de um suspiro suave como a aurora, disse: "Sinto a presença da Alma Universal. Embora eu não A conheça, eu A sinto e não sei explicar como". O mestre o observava em silêncio. Depois de um momento, Eduardo saiu de seu devaneio e voltou a si mesmo. Ele sorria sem parar, como se todas as dúvidas tivessem desaparecido da sua mente.

Para sorte sua, o mestre estava ali. Sabia ele que um curto momento de felicidade não bastava para acabar com o medo. Era necessário agir diante dessa doença da alma. E essa ação nada mais era do que a dialética que possibilita a compreensão do mundo. Então, disse ao discípulo: "Que dúvida lhe resta a respeito do medo?"

Como uma brisa de primavera, a beleza do universo havia vindo de muito longe para afagar o rosto de Eduardo e suavizar seu coração. Assim, ele estava mais sossegado e disposto a saber como se sobrepor ao poder do medo. Com essa quietude do espírito, respondeu ao mestre: "Entendi que devemos enxergar no apego a principal causa de nossos medos. Tenho medo da morte, porque não quero perder as facilidades que a vida me proporciona. Já que o medo não para de me importunar, devo buscar alívio no desapego. Agora, como praticar o desapego? Para isso, devo me abster totalmente das coisas da vida?"

— Para começar, lembre-se que todo excesso traz consigo a infelicidade — respondeu o mestre. — É justamente por isso que tudo nesta vida deve ser feito no perfeito equilíbrio. Se praticar o desapego de maneira excessiva, não faria nada de louvável a não ser afundar-se em si mesmo.

— Nesse caso, o que dizer dos sábios que se isolam do mundo e que se dedicam a uma vida exclusivamente sã?

— Ninguém sabe as razões que levam o sábio a se isolar do mundo, a não ser ele próprio. Ora, se quisermos melhor praticar a lei do desapego, precisamos praticar antes de tudo a Lei do Amor. Imaginemos que mil homens se encontram em um lugar sombrio, todo fechado, onde as únicas coisas que se experimentam são aflição e trevas. Naquele lugar, esses seres são maus uns com os outros, só vivem pela maldade. Para eles, foi dito que somente aquele que melhor praticasse a lei do desapego em relação às coisas materiais teria a liberdade espiritual de se elevar. Certo dia, um deles saiu daquela escuridão para descobrir um mundo luminoso e feliz lá fora. Viu a luz de mil sóis e experimentou a glória divina fora da escuridão. Ele estaria sendo egoísta caso decidisse guardar a luz só para si?

— Sim, estaria sendo egoísta e, pelo que sei, uma vida egoísta é uma vida não vivida.

— O sábio, que se distancia do mundo, pratica perfeitamente a lei do desapego. No entanto, perde, de certa forma, a oportunidade de elevar as consciências ao redor do mundo. Cuidar da saúde espiritual de alguém é o maior dos presentes que a vida pode nos oferecer. Não digo que o sábio que vive distante da sociedade é egoísta. Mas sei que um homem espiritual no meio das massas pode trazer muita sabedoria para a humanidade, pois os ignorantes terão a oportunidade de aprender pelo exemplo.

— Então, mestre, como se pode objetivamente praticar o desapego em todo seu equilíbrio?

— Toda a nossa inquietude começa na mente. É preciso aprender a discipliná-la. O apego cria o medo e, logo, o medo se incorpora à mente. Daí, começa a agonia de temermos tudo sem jamais termos consciência de nossa estupidez, como, por exemplo, quando você se encontra sozinho na rua e teme que apareça um assaltante. Assim como os ímãs que se atraem pela contradição de seus polos, se vibro, constantemente, no medo, acabarei por atrair aquilo que mais temo. Se passo semanas ou anos com medo de determinada doença, existe muita probabilidade de ela, finalmente, se instalar em meu corpo por uma questão de afinidade energética. No instante em que sua mente começa a materializar um provável perigo, o que se deve fazer é exercitar certo controle sobre ela e tranquilizá-la. Se puder tirar totalmente o medo naquele momento, então, faça-o. Desta forma, vai tranquilizando a mente e tudo vai se esclarecendo aos poucos. Pode fazer também exercícios espirituais para despertar a consciência.

— Pode descrever melhor o processo do controle da mente?

— O mecanismo de controle da mente pode passar pelo desenvolvimento de certas aptidões mentais, tais como: consciência, inteligência e atenção. A consciência exige que coloquemos presença naquilo que fazemos. Ao praticarmos a consciência, acabamos nos colocando fora dos padrões e, consequentemente, nos tornamos autênticos. Por exemplo, não irei me casar, porque a sociedade diz que é o certo. Farei isso porque é o melhor para mim. Sob a mesma ótica, a inteligência é a capacidade de escolher o pensamento que seria o objeto das flutuações mentais. Em outras palavras, seria a habilidade de discernir o certo do errado. Por exemplo, pensar sempre positivo e não deixar nenhum pensamento de ódio invadir o estado de espírito. Isso parece difícil no início, mas com o passar do tempo, torna-se natural agir de tal modo. Por fim, a atenção ajuda a policiar a mente. É o sensor que está por perto da atividade mental. Seu trabalho é observar os desvios negativos da mente e regulá-los automaticamente. Por exemplo, estou na rua e vejo algum desconhecido. A primeira coisa que vem à mente é: "Esse homem é mau". Nesse momento, a atenção deve me ajudar a ordenar minha mente. Eu posso, de maneira interna, responder a ela: "Olhe aqui, mente tagarela! Você não o conhece, então não o julgue. Agora, peça ao Universo que esse desconhecido seja abençoado". Ao fazer isso, você vai tomando controle da sua mente aos poucos. De algum modo, começará a observar seus próprios pensamentos e, portanto, a ganância da sua mente. Em outras palavras, não será mais o observado, mas o observador. Será a causa dos acontecimentos em sua vida e não seus efeitos. Nesse estado de espírito, fica difícil para a mente alimentar o medo, já que ela não controla mais os pensamentos. Em suma, liberte-se do truque da mente e se tornará mestre de si mesmo.

— Que tipo de exercício pode ajudar a despertar a consciência?

— Meditação e Contemplação, por exemplo.

— Como se faz a Meditação e a Contemplação? Quais são as regras?

— Não há regras específicas para fazer isso, é muito simples. Para meditar, procure um lugar agradável para se sentar, longe dos barulhos. Em seguida, feche os olhos e dedique-se a silenciar a mente. Foque sua atenção no ponto de equilíbrio que liga os dois olhos, um pouco acima deles. Observe a mente e suas flutuações, não segurando um pensamento por acreditá-lo bom, ou brigando com outro por julgá-lo ruim, deixando apenas o vazio percorrer seus infinitos espaços. Sinta o ar entrar e sair de seu corpo. Sinta a pulsação do coração. Pouco a pouco, a gananciosa mente vai se disciplinando e deixando sua atmosfera mais tranquila e serena, uma consciência absolutamente poderosa e, sobretudo, amorosa. Quanto à Contemplação, o procedimento é quase o mesmo. Pode-se pensar que a Contemplação é um exercício de elevação espiritual mais completo ainda. Entre tantas práticas espirituais, contemplar consiste em prestar atenção em tudo ao seu redor sem perder o próprio centro. Isso é ter consciência do momento presente a todo instante da vida. Então, durante o dia, contemple a natureza, as árvores, a beleza de uma flor, o sorriso de uma criança, o voar dos pássaros etc. Quando vier a noite, tome lugar diante da escuridão e feche os olhos. Com a visão do coração, contemplará o esplendor do Ser Genuíno. Conhecerá, então, a supremacia do céu e nunca mais scrá preso às correntes da Terra.

Como um sinal de devoção e reverência, Haroldo parou um instante, olhou para o céu e disse:

Ó Grande Alma!
Sei que Teu Amor
impera sobre a Criação
que também é Tua.

Há tantas maravilhas
a contemplar
para os olhos
dos que amam.

Por isso,
meu coração
está aflito
no reino humano
pois o homem
ama a cobiça.

Após ter falado isso, o mestre continuou sua explanação sobre a Contemplação: "A Contemplação pode ser acompanhada por um canto de mantra ou apenas pelo silêncio da mente. Pode fazê-la com os olhos abertos ou fechados, o importante é que esteja em paz consigo".

— Pode me dar alguns exemplos de mantra? — perguntou Eduardo.

— O OM, o HU, ou até mesmo DEUS são ótimos mantras. Escolha qualquer palavra com vibração elevada que você gosta e que faça sentido para você.

— Obrigado.

— Por fim, esses mecanismos mentais constituem uma forma de observarmos a vida ao nosso redor sem deixarmos de estar posicionados no centro de tudo e de nós mesmos. Portanto, medite ou contemple a toda hora, mesmo quando está comendo ou andando na rua. Não perca a chance de contemplar a vida ao seu redor, pois há sempre alguma coisa do plano divino acontecendo.

— Mestre, a Meditação e a Contemplação nos tornam homens melhores?

— Sim, automaticamente! Mas jamais em comparação com os outros. O verdadeiro crescimento espiritual não está em um culto específico, está no coração do Ser. Ademais, não pense que, fazendo isso, todos os seus desejos se realizarão, pois não será o caso. Meditação e Contemplação ajudam justamente a criar uma ponte entre nossas personalidades feitas de desejos e nosso Ser Verdadeiro.

— Agradeço pela explicação.

— É sempre uma benção poder ensiná-lo.

Após terem-se despedido, os dois homens desapareceram no frio persistente da noite. O silêncio invadiu o espaço, deixando o nevoeiro cobrir a vista de Samah.

No coração do bondoso, estende-se o imenso jardim da Vida Genuína. Esse é um lugar onde as flores perfumadas da Beleza Eterna cantam as melodias do amor-próprio e do amor para com o próximo.

O bailar das estrelas

Certa noite, enquanto Haroldo meditava no pé de Samah, a maioria dos camponeses estava reunida no pátio da aldeola para tagarelar. Eduardo também participava daquele momento alegre que reconfortava o coração de todos. No fim da recreação, ele empreendeu o caminho de volta para casa.

Em algum momento, avistou o mestre, que estava sentado de pernas cruzadas. Com os olhos fechados, esse contemplava o universo que habitava seu âmago. Não muito longe dele, estava Pipa, a cadela mais querida de Kunda. O buscador se juntou a eles sem pensar.

Embora Haroldo fosse relativamente novo, seu jeito se parecia muito com o dos velhos sábios. Sua tranquilidade ao falar e sua paciência ao ouvir despertaram em Eduardo a curiosidade que outrora o nutria nos contos de seu avô.

Ao enxergar certa temperança através da quietude do mestre, o discípulo não pôde se contentar com o silêncio. Queria chamar sua atenção de alguma forma. Então, soltou um suspiro tão delicado que o silêncio parecia falar mais alto. Contudo, os sentidos do mestre eram muito aguçados. Ele abriu os olhos suavemente, sorriu para o discípulo e cerrou o olhar novamente. Embora não tenha participado da reunião alegre dos camponeses, ele também estava feliz. Seu sorriso fez com que Eduardo percebesse que a alegria podia ser encontrada no momento mais contemplativo que possa existir. Após essa compreensão interna, o buscador, igualmente, expressou um sorriso no canto dos lábios.

— Antes de chegar aqui, fiquei um instante observando o senhor e, de repente, percebi um grão de sabedoria em seu silêncio. Será que a quietude pode ser vista como uma virtude? — disse Eduardo.

Pipa, satisfeita com a sua comida, estava deitada no chão, sem ansiedade alguma, esperando o repouso chegar. Qualquer um ali podia testemunhar o sossego da cadela. Haroldo, reabriu os olhos, observou atentamente o animal por um instante e respondeu: "Não há virtude sem amor e não há amor sem virtudes, pois o Amor, em outras palavras, é a essência de toda virtude".

— Se eu entendi bem, pode-se dizer que toda virtude principia no Amor?

— Exatamente! Uma inteligência que serve para manipular ou corromper não deixa de ser uma inteligência. No entanto, jamais será virtude. As virtudes tiram o homem das garras dos prazeres efêmeros. Sendo assim, tudo que você fizer, faça-o com amor e estará praticando virtudes.

Os dois homens se mantiveram em silêncio. Embora Haroldo estivesse profundamente entregue à meditação, estava consciente das questões que ressoavam no coração do discípulo. Em algum momento, disse: "Eduardo, sinto que há outra pergunta em seu coração. Pode falar".

O forasteiro ficou atônito ao perceber que o mestre podia ver o que havia em seu interior sem precisar abrir os olhos. Já vinha percebendo que a Contemplação e a Meditação permitem que a alma veja coisas que jamais o corpo poderia enxergar. Após essa ponderação, começou a falar: "Há alguns meses, o senhor me contou seu encontro com Reba, o Augusto. Às vezes, fico me perguntando se chegou a reencontrar esse ser majestoso".

— Sim! Estou ligado a Reba, assim como você está ligado a mim. Juntos a Reba, somos unidos até o fim dos tempos. A verdade é que todos os seres, animados ou não, são ligados por laços que nunca foram tecidos.

Eduardo franziu a testa, pois não conseguia captar a profundidade do que o mestre dizia.

— As linhas da grande teia universal são imperceptíveis para aqueles que não olham e que não escutam com coração. Mas eu lhe digo, meu filho, apesar de os laços que nos ligam serem invisíveis, jamais serão corrompidos — continuou o mestre, sempre sorridente.

— Vejo com pouca clareza o sentindo de suas palavras.

— Um dia, quando cansar dos olhos que veem, verá com seu coração e a verdade ser-lhe-á revelada.

— Espero muito que esse dia esteja próximo.

— Há sempre um momento para tudo na vida. Tenha paciência. O seu sol brilhará um dia ou outro.

Eduardo mexeu a cabeça como se estivesse concordando com o mestre. Porém, logo depois, um sinal de dúvida se mostrou em seu rosto. Ele sabia que o mestre tinha razão, mas no fundo, tinha a sensação de que ainda não estava preparado para enxergar as verdadeiras cores do universo. Felizmente, já havia sido ensinado a lidar com os truques da mente e naquele momento, estava bem atento ao que acontecia dentro e fora de si. Pela consciência, inteligência e atenção, percebeu que essa descrença repentina quanto a seu sucesso no caminho da autorrealização era uma das múltiplas formas pelas quais a mente corrompe os sonhos e as aspirações da alma. Ao fazer toda essa consideração em seu interior, lembrou-se daquela noite em que o mestre lhe dizia que só a força do coração levanta montanhas. Em seguida, perguntou-se: "Será essa montanha as nossas próprias limitações?".

O medo o levou a querer sabotar seu maior desejo que não era nada senão a vontade ardente de conhecer a verdade do coração. Ao constatar essa jogada da mente indisciplinada, deu uma curta gargalhada, bem discreta. A seguir, despediu-se do mestre. Este se ajeitou e voltou para sua contemplação interna. A cadela Pipa se aproximou mais dele, deixando a entender que somente o brilho do mestre podia lhe propiciar a quentura que precisava naquela noite fria. Eduardo prosseguiu seu caminho, rumando à casa. Depois de alguns passos à frente, parou e olhou para trás. Ali estava Samah, a imponente montanha que parecia tatear o firmamento sombrio, porém luminoso.

No lago profundo do céu, as estrelas haviam se colocado bem acima de Samah para cintilar com ardor. Elas celebravam a montanha. Ainda que esses astros lustrosos fossem inertes no firmamento, seu brilho era como uma dança, um bailar celestial que causava regozijo no coração dos que amam.

Essa visão maravilhou o coração do buscador. Ao testemunhar essa cerimônia singular que só a alma é capaz de contemplar, o homem se lembrou de um dos habitantes das Terras do Sul que lhe havia dito que era, sim, possível tocar o céu, estando sobre a Terra. E naquela noite, Eduardo tinha acabado de tocar o céu e as estrelas, apenas com os olhos.

As marcas

Aquela manhã foi especial. Pela primeira vez em muitos anos, Eduardo se levantou, maravilhado. Saiu de casa, cantando os louvores do Supremo. No caminho para o campo, admirava com entusiasmo a beatitude da natureza e, depois de uns mil passos cantando, exclamou: "Que belo dia!".

Com o corpo exausto e os lábios afiados, logo depois de sair do campo, dirigiu-se à morada de Haroldo. Ali estava o mestre esperando por ele.

— Boa noite, mestre.

— Boa noite!

De onde estavam, viam-se aldeões que cuidavam de seus afazeres. Estavam no campo, labutando a terra com grande afinco. Eduardo os observou por alguns segundos e disse: "A respeito da vida, há tantas coisas que me surpreendem, mas uma coisa, em especial, me deixa intrigado".

— O quê?

— Falo da capacidade humana de suportar a dor. Às vezes, vejo o homem sendo arrastado pelo fardo da vida, olho para ele e lhe pergunto: "Está tudo bem com o senhor?". E ele responde: "Estou bem, e você?". Em certos casos, chego até a lhe oferecer minha ajuda, porém ele olha para mim com um semblante tímido e diz: "Pode ficar tranquilo que vai dar tudo certo". O mais surpreendente de tudo isso é quando me vejo agindo dessa forma.

— Como assim?

— Em verdade, acostumei-me a dizer que está tudo bem quando não está. No fundo do coração, carrego o conflito da sinceridade.

Dizem que o homem não tem limite, que pode tudo e eu acredito. Então, fecho os olhos e finjo que a vida não está sendo capciosa comigo. Vivo em vão, esperando que um dia o futuro me seja favorável. Ao ver os mais belos sonhos do mundo sendo submersos pelo mar dos pesares, penso que toda a existência se resume ao sofrimento. Na infância, disseram-me: "Pense e seja" e, desde então, não parei de pensar, mas jamais cheguei a Ser. Quando me vejo através do espelho, não consigo reconhecer meu interlocutor. Fui marcado pelo medo, no entanto ainda estou a caminhar. Os azares não param de me perseguir e, quando resolvo um, apenas respiro e já tem outro esperando por mim. Não há mais dias de sossego neste mundo. Por toda parte, os homens criam guerras, apelando pela paz e tudo que ali resta é desolação. O que dizer dos que amam a vida, enquanto ela parece conspirar contra eles? Grande é a vontade de voar e fugir de tudo isso, porém olho para trás e percebo que nem asas tenho. O que fazer? Muitos falsos profetas nos prometem uma vida melhor. Será que existe a tranquilidade neste mundo? Posso realmente acreditar na felicidade que vejo nos olhos dos camponeses desta aldeola?

— Não se recorda de nenhum momento bom?

— Recordo-me da minha bela infância, contudo a condição humana é uma coisa que não entendo. No fundo, quero ver as pessoas se libertarem dos medos que as fustigam.

— Como pode exigir do mundo o que ele não tem? Já pensou? Como pode seu próximo lhe dar o amor se ele mesmo o desconhece?

— Eu nunca tinha pensado dessa forma.

— Só podemos dar aquilo que já existe em nós. Se o mundo não tiver mais amor para lhe dar, então seja o presente de amor para ele. Dê aquilo que deseja receber. Se quer amor, então dê amor. Se quer paz, ofereça sua companhia pacificada a quem estiver ao seu lado. A devassidão humana jamais poderá ser um fardo para você, pois seu coração é leve, seus passos são fugazes, e sua sombra é impossível de apreender. Em meio ao caos, é preciso confrontar os ventos da incerteza para deixar o ar da esperança brotar em seu âmago, sem medo do desconhecido. Lembre-se sempre que a felicidade não está nas coisas nem nas pessoas. Está dentro de si. A prosperidade talvez não tenha chegado ainda, mas tenha liberdade em seu coração e nunca se afaste do Amor. Se não quiser ser seu malogro amanhã, seja sua felicidade hoje, pois o que se tornará amanhã é o reflexo daquilo que hoje é. A vida é pura justiça, uma guirlanda de causas e efeitos.

Eduardo soltou um profundo suspiro.

— Agora, vá para casa — continuou Haroldo. — Tome um banho suave, tente esvaziar a mente e seja grato com a noite para que o amanhecer seja gentil com você. Também, logo quando acordar, venha diretamente a mim, e discutiremos juntos sobre a justiça da vida.

— Muito obrigado, mestre.

— Agradecido sou eu. Até amanhã!

Um príncipe sem reino

Eduardo tinha começado o dia na felicidade, mas quando chegou a noite, já estava impregnado de tristeza. Remoera muito as dores da humanidade enquanto fazia suas perguntas ao mestre. Mais uma vez, não conseguia desapegar-se da dor. Apesar de todo o ensinamento que recebera do mestre, as injustiças mundanas ainda o assolavam. Sentia-se muito pequeno e incapaz. Inúmeras vezes, questionou-se: "Por que tantos altos e baixos? Por que reclamo da ordem das coisas? O que me falta para encontrar a paz interior?"

Chegou em casa, consternado. Tomou um banho suave e tentou esvaziar a mente como recomendara o mestre. Na infrutífera tentativa de silenciar os pensamentos, decidiu fazer uma contemplação. Tomou lugar à frente da cama, sentado de pernas cruzadas, e tentou aquietar a mente. Mas essa agitava os pensamentos sem parar. Foi assim que pensou em cantar um mantra. "Por que não cantar um dos múltiplos nomes do Supremo?", indagou para si mesmo. O mestre já lhe havia dito que o HU é um dos antigos nomes do Supremo.

A seguir, começou a contemplar, murmurando suave e silenciosamente H-u-u-u-u-u-u-u-u-u-u-u-u-u-u.
Assim, cantou por alguns minutos até cair no sono.

E sonhou.

Aquela manhã tinha vindo como uma nova promessa, e o buscador parecia menos abalado pelo que acontecera na véspera. O sorriso sereno em seu rosto deixava subentendido que a última noite cumprira as promessas de seu mestre.

— Bom dia, como o senhor está? — disse Eduardo, alegre.

O mestre, como sempre, esperava em frente ao seu aposento.

— Estou ótimo, e você? Vendo o esplendor de seu rosto, posso imaginar que as estrelas da noite se revelaram para você. Como foi seu sono?

— Os pensamentos saltavam em minha mente atormentada. Eu estava confuso e meio desmotivado por não compreender o fluxo Divino. Enquanto acordado, não tive clareza para observar a noite, pois sentia certo cansaço mental e um aperto no peito. Somente com um mantra consegui dormir, mas para meu regozijo, sonhei. Esse sonho, sim, foi esclarecedor. Agora estou maravilhado pelo fato de poder enxergar a vida de outra forma, assim como o senhor desejou. Testemunhei, pela primeira vez, a doçura da noite e vi nela uma coisa que, até então, nunca tinha visto.

— O que viu?

— A noite baixou a guarda e, através de sua cortina sombria, pude contemplar a vida com bastante clareza. Hoje, sou um homem diferente de ontem. Nas Terras do Sul, dizem que o cego que retoma a visão tem a mania de trocar montanhas por colinas e colinas por planícies. Sendo sincero, devo admitir que, depois dessa noite, vejo, internamente, montanhas no lugar das colinas e colinas no lugar das planícies. No entanto, estou convencido de que minha nova visão é uma das mil facetas da Justiça Genuína.

— Observe que, no universo, o que parece constante nunca é permanente. Ontem, eu o vi clamando somente pela injustiça e hoje vejo-o orgulhar-se da Justiça Divina. A vida é feita de ciclos, não há sofrimento que seja eterno. Agora, conte-me como foi seu sonho.

— Sonhei com a vida de outrora. Esse sonho me trouxe a verdade para me libertar da frustração que por muito tempo ficou guardada em meu coração. Sonhei que eu era um homem rico, bonito e afortunado; que o mundo ao meu redor se curvava em reverência toda vez que eu passava por ele; que eu era filho do rei e que tudo que eu desejava logo me pertencia; que a facilidade da vida tinha me tornado arrogante com meus servos e atrevido com meus familiares. Sonhei que me apaixonei por uma escrava chamada Diva. Sendo minha família da realeza, jamais me deixaria casar com uma serva. Todo sofrimento naquela existência foi culpa do sangue nobre, o mesmo que me presenteou todos os prazeres da vida para depois me tirar a única e verdadeira liberdade: a de amar. Naquela vida, aprendi a falar como um rei, a filosofar como um aristocrata e a mandar nos homens como um imperador. Naquela parte do mundo, ninguém sabia mais de retórica quanto eu. Entretanto, não soube convencer meus pais das razões do coração. Abençoado pelas coisas boas da vida, porém desprovido do amor, converti-me em rebelde das normas e da moral. Minha revolta causou ultraje aos meus nobres pais. Proibido de amar uma serva, desertei meu palácio e me tornei um príncipe sem reino. Apesar de toda a moral que me foi ensinada, trilhei deliberadamente o caminho da depravação, da opulência e da desordem. Numa tarde solitária, o vício veio até mim e me convenceu quanto à sua amizade. Logo, afoguei toda minha tristeza no vinho mais caro da cidade. Conselheiros e médicos não sanaram minha depressão. Despreocupado com a vida, obstinei-me a ingerir vinho e mais vinho até o dia em que meu coração começou a transbordar dessa bebida e, assim, todo o sangue do corpo se tornou vinho. Passei meses bebendo e regurgitando até o dia em que a minha voz me abandonou. Finalmente, em uma noite como qualquer outra, sentado e pensativo no sofá, ouvi o anjo da morte bater em minha porta. Cheguei a abri-la, mas por ser mudo, não soube lhe dizer que eu ainda não estava pronto para partir. Foi assim que o sonho terminou.

— Parece que a tristeza o persegue até nos sonhos.

— Não, mestre. Neste momento, sinto-me livre do passado.

— Percebeu que quando vem a compreensão, acaba o sofrimento?

— Sim.

— Qual foi sua compreensão então?

— O sonho me pareceu tão verdadeiro quanto nossas conversas. Após acordar, comecei a refletir sobre o que visualizei. Sem tardar, a relação entre o sonho e a minha vida atual ficou óbvia. Entendi o porquê de eu não gostar do vinho nesta encarnação. Além do mais, entendo melhor minha profunda gratidão por meus pais. Na presente vida, não precisei de filosofia e retórica para saber que uma criança deve honrar os pais. No sonho, fui um homem ingrato por possuir as coisas que eu desejava. Hoje, sou grato por possuir apenas a mim mesmo. O sonho me fez perceber que é muito mais valioso possuir a si mesmo do que possuir as coisas deste mundo. Todavia, para chegar a essa percepção, foram necessárias umas mortes internas, a morte do medo, da ignorância, da vitimização, da descrença etc. Uma parte da ilusão, que habita meus pensamentos, se desvaneceu. Ainda não sei o quão pronto estou, mas de agora em diante, seguirei corajoso no caminho do Amor. Mestre, essa é minha compreensão.

— Tamanha é a felicidade que eu sinto neste momento, pois testemunhar o renascimento de um homem é uma bênção. Posso dizer, com certeza, que você já é um homem mudado. Daqui para frente, verá o mundo sob outras cores. Estou profundamente grato de poder testemunhar isso.

Os dois homens observaram um momento de silêncio. De repente, o buscador se lembrou que eles ainda não tinham tomado o café da manhã. Com um sorriso nos lábios, disse: "Mestre, talvez seja sábio tomarmos o café da manhã para melhor continuarmos nossa conversa".

— Que maravilha! Vamos lá, então — respondeu o mestre.

Os dois homens entraram na casa de Haroldo.

Toda a perfeição do mundo, toda a grandeza do universo, toda a pluralidade da vida, toda a infinitude do cosmos, tudo isso é a Alma se manifestando.

O tempo

A existência na aldeola se movia com suavidade. Quando já se experimentou a vida nas capitais, é difícil ignorar o tempo. Naquele dia, depois da labuta, o buscador se sentou diante do rio Sita. Por horas, ficou pensativo, perguntando-se o porquê de os dias em Kunda andarem tão devagar.

Diante dele, via-se Sita que corria lentamente. Além de bailar de forma branda, a corrente deixava a entender que sempre havia sido desse jeito. Ao observar o fluxo moderado da água, o buscador ponderou: "Toda minha vida, andei vendo os homens correndo atrás do tempo. Ah! Que loucura os condenou a correr tanto?"

De repente, ouviu a voz de Haroldo, dizendo: "Mais cedo ou mais tarde, o rio se deitará no mar". Qualquer um ali teria levado um susto, mas o discípulo já se havia acostumado com as aparições súbitas do mestre. Mal o esperou ajeitar-se e já começou a falar.

— Hoje, fiquei contemplando a natureza por horas. Olhei para as árvores e percebi em seu silêncio o sorriso da gratidão. Olhei para o céu e, de repente, meus ouvidos entraram em sintonia com o festival dos pássaros. Olhei para o chão e deparei-me com a peregrinação das formigas. E, quando ergui minha cabeça, testemunhei a dança do rio. A beleza sempre esteve ao meu lado e eu, como um louco, jamais olhei para ela. Por todos esses anos, nunca fui capaz de contemplar o belo. Por que isso acontece comigo?

— Porque o homem persegue o tempo sem nunca o alcançar. Isso o levou a lhe atribuir um preço. Desde então, corre e corre, nunca descansa. Aqui em Kunda, os camponeses se contentam com o pouco que têm. Isso faz o tempo sobrar para que eles possam saborear as delícias do céu. Isso não é lindo de se ver?

— É mais do que lindo — respondeu Eduardo, encantado pelas cores do horizonte.

O mestre não acrescentou mais nada. Apenas se levantou do banco, olhou para o discípulo com amor e foi embora. Sem se mexer, o discípulo manteve seu olhar fixado na dança de Sita. A serenidade em seu rosto revelava sua satisfação quanto aos ensinamentos do mestre.

O presente

Na aurora seguinte, o buscador acordou, desconfiado. Olhando para o sol que tardava a se levantar, pensou que algo estava faltando à natureza. Pressentiu que havia algo de errado, mas não podia determinar o que era. Sua mente sacudia os pensamentos. Questionamento após questionamento, o sossego se perdeu.

Depois da labuta, ele pegou seu casaco e foi ao encontro do mestre. Ao chegar ao pé da montanha, encontrou-o sentado e sereno como sempre.

— Boa tarde, mestre.

— Boa tarde, tudo bem?

— Não muito. Estou preocupado com tudo ao meu redor. Parece que a natureza está diferente hoje. Tenho o sentimento de que alguma coisa está faltando por aqui. No entanto, a minha convicção me diz que essa situação ainda está por vir. Parece-me que estou preocupado com o futuro.

— Passado e futuro são apenas medidas do presente. Se prestar atenção somente em uma delas, perderá sua própria medida. O que se deve fazer é viver plenamente o eterno presente.

— Não consigo entender?

— Através da consciência do Agora, desvendam-se os ensinamentos do passado. Dessa forma, você acaba construindo um futuro justo para si. Cabe a você entender o que está acontecendo no momento presente. Entende?

— Mais ou menos.

— Agora, fale-me: o que o presente está lhe dizendo?

— Ao pensar no presente, sinto tranquilidade, como a que sentia ontem, à beira do rio. Mas essa tranquilidade vai e vem, e fico pensando naquilo que farei sem o senhor. É que não consigo ver como enfrentar a vida sem seus conselhos.

— Infelizmente, terei que ir embora. Aliás, o dia em que eu me despedirei de Samah já está a caminho e não tardará a chegar.

— Tão cedo irá me abandonar? Sem o senhor, não sou nada. Como viverei?

— A vida é feita de ciclos. Os mundos físicos são sujeitos às mudanças e isso é inevitável. Para todas as cosias deste mundo, há um início e um fim. A existência humana é testemunha dessa realidade.

— Não me vejo sem o senhor me guiando. Ainda há tanta coisa para conhecer, tanta coisa para aprender.

— Viajou, sozinho, pelo mundo. Conheceu várias culturas, tornou-se um homem justo e valoroso. Nada disso conta para você?

— Conta, sim, mas gosto mais daquele que me tornei desde que conheci o senhor.

— Você se subestima muito. Desapegue-se desse padrão. Saiba que tudo que tem feito faz parte de sua formação, e que cada detalhe de sua história não somente o trouxe aqui, como também o preparou para ser quem é hoje. Deveria ser grato por isso.

— Toda minha gratidão o louva. O senhor me fez enxergar a luz no meio da escuridão. Hoje, posso facilmente observar a ganância da mente. Devo-lhe toda minha grandeza e gostaria que soubesse disso.

— Dizem que é preciso estar preparado para contemplar o esplendor do Supremo. Caso contrário, pode-se perder a visão. Isso é uma boa analogia para a relação do mestre-discípulo. O Mestre só aparece quando o discípulo está pronto. Você não veio a mim, eu vim a você. Como a brisa que toca o rosto sem jamais se apegar, partirei da mesma forma que cheguei. O trabalho do Mestre é mostrar ao discípulo o caminho da sabedoria. Entretanto, quem inicia a jornada é o próprio discípulo. Não esqueça que a busca pela sabedoria não caminha por fora, mas por dentro do Ser. Agora que sabe onde se encontra sua verdadeira casa, deve voltar ao reino dos indignos para elevar as consciências.

— Meu povo é extremamente materialista, não me dará ouvidos. Nem sei onde se encontram meus familiares. Tudo lá me parece perdido. Dizem que a vida materialista traz a tirania ao povo, fazendo dos desejos dos maus a lei que subjuga os inocentes. Na capital das Terras do Centro, a injustiça se tornou a voz da maioria, e não posso me arriscar nesse caos.

— Pelo menos, você teria tentado. O que seu povo precisa é aquilo que você tem dentro de si.

— O que mais tenho para dar a não ser o amor, que meu povo já nem sabe mais o que é? E quanto aos estrangeiros que lá se encontram? Meu povo não sabe mais amar o que aparenta ser diferente. Como posso mudar essa consciência?

— Todo homem bondoso tem o coração de um rei. Como um homem que nada sabe além do amor, você fará a única coisa que conhece: amará seu povo. Como um rei que já foi forasteiro em terras alheias, terá compaixão ao tratar com o diferente. Agora, preciso ir. Tenho algumas coisas para resolver.

— Gratidão, mestre.

Os dois homens desapareceram, deixando a inércia invadir o espaço. A paisagem ao redor de Kunda se viu recoberta por um remanso total. As estrelas no céu escuro reluziam com ardor acima de Samah. A noite estava bela.

Sete dias

Nos três dias seguintes, Haroldo se ausentou. Isso não era de costume. Eduardo andava pensativo, perguntando-se onde seu mestre se encontrava. Também se perguntava o que faria de sua vida sem seu guia por perto. Por dentro do homem inquieto, a aflição conquistou os pensamentos, e o tormento se tornou absoluto.

O buscador, como sempre, precisava de respostas. Em vários momentos, tentou meditar sem êxito. Em seus pensamentos, perdeu-se toda observação. Embora ele já tivesse recebido os ensinamentos do mestre sobre como lidar com o medo, não conseguia parar de temer a realidade de ter de enfrentar a vida sem seu mestre ao seu lado.

Outros quatro dias se adicionaram à agonia da espera. Sete dias se foram sem a aparição do amigo de Samah, mas isso não mudou a rotina dos camponeses. Esses nem sequer perceberam a ausência do mestre. Moviam-se de um canto para o outro em busca de seus próprios negócios.

Era a semana da colheita. Para os camponeses, a colheita é a melhor fase da labuta. Não há nada mais gratificante do que gozar dos frutos de seu próprio labor. Esse é o momento em que a mão que outrora se rasgou de tanto cortar a grama recebe em sua palma a justiça que lhe é devida. Os camponeses se mostravam gratos diante da natureza. Ao redor de Samah, a felicidade havia contagiado a todos, menos Eduardo.

O discípulo se recolheu na casa de seu anfitrião, cogitando incessantemente sobre a incerteza do futuro. Foi inclusive o único lavrador da aldeola a não colher o fruto de seu trabalho. Foram sete dias de agonia mental e, quando pensou em resignar-se da falta de seu mestre, ouviu uma voz familiar falando.

— Dizem que o futuro encanta de boa-fé, no entanto nunca responde aos nossos desejos — disse o mestre. — Sempre que o desejamos ardentemente, nunca nos é dado de bom grado e, quando paramos de acreditar, aparece uma luz no fim do túnel. Ainda assim, não a vemos, pois quem não tem fé nada vê.

— O senhor me abandonou. Passei sete dias na mais profunda angústia e, de repente, apareceu falando do futuro. A verdade é que não consigo ver meu futuro sem sua presença. Isso me mata de tristeza mesmo quando tudo ao meu redor salpica gotas de felicidade. Durante toda a semana da colheita, vi meus pensamentos tagarelando e, quando me dei conta do que estava acontecendo comigo, percebi que havia, em todos meus pensamentos, o velho e conhecido medo de enfrentar a vida sozinho — disse Eduardo, um pouco frustrado.

— Não acredito que o homem que percorreu o mundo sozinho tem medo de enfrentá-lo hoje! Achei que nossas conversas o tivessem preparado para enxergar o universo em sua forma verdadeira.

— Fui ao encontro do mundo ignorando suas verdades. Hoje, sou um homem mudado e, certamente, pensarei duas vezes antes de explorar as estradas da Terra novamente.

— Pensa mesmo que seria esse homem mudado hoje se não tivesse percorrido o mundo da forma que o fez?

— Não consigo responder, mas agora, pensando bem, parece-me que minhas viagens me levaram até o senhor. Lembro agora que me falou isso em nosso último encontro.

— Nossa reunião foi a resposta a uma equação, a qual deixamos de responder há mais de mil anos. Lembre-se de que nada é de repente. A ganância fez o homem acreditar no acaso que, na realidade, não existe. O fundamento do mundo físico se resume à lei de causa e efeito. Junto com essa, vem a lei da dualidade e, assim, sucedem outras leis. Todo homem, enquanto vivente debaixo do sol, estará forçosamente sujeito a tais leis.

— Como entender o sentido da vida? — inqueriu Eduardo, após certa reflexão.

— Viva mais no presente. Isso basta para apreender o sentido da vida.

— Mestre, o que posso fazer para compreender melhor essas leis que regem o mundo?

— As leis do mundo são contempladas através da consciência do momento presente, no hoje e no agora. Se quiser viver de verdade, seja atento quanto àquilo que faz no seu dia a dia. Contemple as coisas ao seu redor e, sobretudo, medite sobre a vida fora e dentro de si. A todo instante, está a acontecer algo belo, algo divino, algo espetacular, algo rejuvenescedor, algo que nos faz apaixonar ainda mais pela existência e suas maravilhas. O nosso problema é que andamos tão preocupados com o passado e o futuro que não conseguimos perceber a vida em sua totalidade. Esse foi seu caso ao passar sete dias na agonia e no medo de se encontrar sozinho diante da vida. Dessa forma, deixou de viver adequadamente esses últimos dias por algo que não podia controlar.

— Sim, isso é verdade. Confesso que fui egoísta ao pensar naquilo que faria sem sua presença. Mas por outro lado, também me preocupava muito com o senhor.

— Essa maravilhosa semana de colheita trouxe alegria para a vida ao redor da montanha. Você, no entanto, preferiu se colocar fora de tudo isso, sob o pretexto de um futuro incerto. Perdeu a oportunidade de saborear a felicidade do momento presente. O momento presente é uma dádiva. Por que desperdiçá-lo?

— Há alguns meses, conversamos sobre o apego que gera o medo. Na hora, pareceu-me que eu já podia me sobrepor à minha mente. Agora, estou decepcionado ao perceber que ainda tenho que andar muito para chegar a mim mesmo. Dei-me conta que o caminho de volta para casa é mais longo e estreito do que imaginava.

— Alcançar o topo da montanha não garante a realização do Ser. A qualquer momento, pode-se cair novamente e, se não cair por desejar, a montanha pode desabar. É justamente por isso que a inteligência, a atenção e a consciência nunca podem ser deixadas de lado.

— Mestre, lembro-me que, meses atrás, o senhor me disse algo como: "só quem estiver no topo da montanha conhecerá o repouso eterno", mas agora discorreu exatamente ao contrário. Sei que não houve confusão de sua parte, poderia, então, me falar mais a respeito?

— Quando eu disse "só quem estiver no topo da montanha conhecerá o repouso eterno", não me referi a uma meta específica, nem mesmo à montanha Samah. Todos nós temos uma particular e irregular montanha para escalar todos os dias. A minha nunca será igual à sua. Acredito que o objetivo final da Alma é o encontro definitivo com o Supremo. Mas o Amor do Criador não nos trouxe aqui, simplesmente, para cumprirmos uma meta. Ele quer que apreciemos a subida de retorno à nossa morada. Porém, cada um tem seu caminho para trilhar, nem melhor, nem pior, apenas único. Nesse percurso de autorrealização, pode haver uma série de empecilhos escorregadios que nos farão cair. Contudo, quem confia em algo maior que a ilusão do mundo material, não desistirá de sua busca interior. Agora, quando digo "Alcançar o topo da montanha não garante a realização do Ser", é para que você não se apresse em chegar a algum lugar. A completa realização do Ser é inevitável. Não há como negar ou contestar o inelutável. Você chegará ao topo da sua montanha interna quando se reconhecer como uma Alma, uma entidade livre, sempre alegre, e muito mais poderosa do que um corpo físico. Portanto, não se apegue ao resultado da jornada. Vivencie o caminho da vida. Aprecie tudo nele, inclusive os deslizes devidos ao terreno irregular; as decepções decorrentes das mudanças repentinas etc. A vida foi feita para você enxergar cada acontecimento como único, tanto em seus momentos de alegria quanto de tristeza — Haroldo manteve-se silencioso por um breve instante e finalmente prosseguiu. — Mudando de assunto, foram sete dias de ansiedade para você. Quanto a mim, foram sete dias de peregrinação. Diante de tal situação, penso que nós dois precisamos de um bom repouso.

— Obrigado, mestre.

— Agradecido sou eu. Então, vá para casa agora e volte amanhã. Estarei aqui mesmo, no sopé da montanha.

Depois de agradecer ao mestre, o discípulo empreendeu o caminho de volta à casa de seu anfitrião. No fundo do coração, sabia que a despedida do amigo de Samah tinha chegado. Felizmente, com os ensinamentos daquele dia, o medo se foi e o discípulo, com sua nova clareza, podia lidar com um futuro que não se ansiava mais. O que mais lhe importava era o momento presente e esse momento se resumia ao repouso da mente. Depois de sete dias de tormento, somente a quietude do espírito podia lhe trazer certa tranquilidade. Chegou à sua casa e apressadamente se deitou.

Se você tiver de escolher entre ações extravagantes e palavras humildes para honrar a caridade, escolha a humildade, pois através dela expressa-se a Alma.

O sermão

Na manhã seguinte, Eduardo foi direto ao sopé da montanha esperar por seu mestre. Tinha consciência da despedida que estava para acontecer. Deixou de lamentar, deixou de reclamar. Simplesmente observou a vida ao seu redor e logo percebeu que naquela manhã não havia nada de diferente na natureza. Tudo estava em seu devido lugar. Sentou-se no sopé de Samah, de onde podia contemplar a felicidade que os últimos sete dias trouxeram para os camponeses da aldeola. Ali, disse para si mesmo: "Não acredito que troquei a alegria de sete dias pelos tormentos do espírito. Nem um asno faria tal coisa". Logo depois, o mestre apareceu.

— A vida é feita de ciclos, e a mudança é a única coisa que permanece imutável — disse Eduardo, iniciando o diálogo. — Num dia, o homem nasce e no outro, morre. Num dia, está feliz, e no outro, infeliz. Mas no fim das contas, é preciso se perder para se reencontrar. Quanto a mim, preciso ver, refletir, agir, meditar e saber. Às vezes, encontro-me desorientado e sei que não devo me sentir assim.

— Contemplo certa sabedoria através de suas palavras e fico contente por isso.

— Estando aqui hoje, no pé da montanha, posso ver a grandiosidade e a beleza da natureza. Nelas não há nada confuso para mim. Contudo, uma coisa é ver ou ler sobre o Belo, a outra é sentir ou vivenciá-lo. Embora eu contemple toda essa magnificência do universo, ainda me falta clareza em meus pensamentos — disse o buscador, correndo a mão pela testa. — Mestre, como se pode interpretar o Supremo?

— Eduardo, se contar com os olhos para ver o invisível, nada lhe será mostrado. Se contar com a mente para conhecer o incognoscível, nada lhe será revelado. E, se contar com as mãos para tocar o intocável, nada lhe será dado. Aquele, que persegue o

Supremo nas coisas meterias, perderá a si mesmo. Já aquele que, após ter abandonado as coisas materiais, entrega-se ao Supremo, tornar-se-á senhor de si mesmo.

— Como se pode entender aquilo que não se manifesta? Como ouvir aquilo que palavra nenhuma pode descrever? Que caminho outro que o da não-busca pode nos levar à Verdade Suprema? Se eu tentar tocá-la, escapará de mim. Como faço numa situação como essa?

— Quem deseja ardentemente uma coisa, deseja por apego e, pelos pensamentos, tornar-se-á prisioneiro de si. Assim, jamais sua visão será assaz aguçada para contemplar a luz do contentamento. Agora, diga-me, como pode o filho pródigo lembrar-se do pai, enquanto ignora seu próprio nome?

— Ficará muito difícil para ele, pois o nome lembra a origem, a fonte de onde ele decorreu. Em outras palavras, o filho deve conhecer a si mesmo e, assim, lembrar-se-ia do pai.

— Eduardo, de agora em diante, escute-me atentamente. O que estou prestes a dizer é meu sermão a respeito da vida. Antes de iniciar, peço perdão à inteligência que rege o universo, porque a audácia levou o homem a falar daquilo que não conhece. Hoje, amanheci cantando um dos mil nomes da Alma Absoluta. O sermão a seguir vem do coração, mas no fundo, sou apenas um mensageiro e sei da minha limitação. Certa vez, numa noite erma, o homem se encontrou sozinho diante de seu padecimento. Já havia culpado seu próximo, já havia culpado a vida e, agora, preparava-se a culpar a morte, mas como julgar o mistério? De repente, ouviu o grito do silêncio, era um silêncio absoluto. Nem mesmo a voz de mil homens gritaria tão alto. A Derradeira Luz chegou à porta do solitário e bateu com consistência. O homem teve que abrir, pois aquele que o aguardava do outro lado nada mais era do que ele próprio. A imensidão do Ser estava ao seu alcance. Quando ele chegar em sua verdadeira casa, verá, com os olhos do coração, o rosto dourado daquele que o ama desde antes mesmo da eternidade. Se me perguntar o que é a eternidade, direi que é aquilo que não conta dias, nem noites. É aquilo que não reconhece formas, nem movimentos. Quem se aventura em conhecer a eternidade deve, inicialmente, perceber que a vida e a morte retornam para a mesma fonte, pois no Mundo dos mundos, nada é transformado, nada é criado, tudo é Unidade. Porém, na terra da ilusão, quando o tudo deixa de ser, o nada advém. Num belo instante, o buscador da Verdade Genuína chegará à consciência da Unidade, onde não existe divisão, onde o Ser se confunde com o todo e o nada. Então, perceberá que somente nos mundos ilusórios as coisas são criadas ou transformadas, porque, no Mundo dos mundos, a verdade simplesmente permanece.

Nos lábios do buscador, mostrava-se um sorriso de contentamento. Ele escutava com amor e por meio desse belo sentimento, havia-se estabelecido no momento presente, naquele exato momento em que o mestre lhe falava sobre o desígnio da existência. Olhava maravilhado para o mestre e saboreava seus dizeres com um deleite sem par. Em outras palavras, estava totalmente entregue à sabedoria que ecoava na perfumada brisa da paisagem.

Com os olhos fixados nele, o mestre continuou: "Lembre-se! Todos os caminhos rumam ao Supremo, mas somente a vereda do coração tocará a Luz de mil sóis. Não banalize minhas palavras e ouça seriamente. Quando o vaidoso aprender a se desapegar das coisas deste mundo, então o que é realmente importante lhe será dado. O poder tornar-se-á uma simples ferramenta para o Amor. O poder nada mais será do que isso, pois o homem já terá ido além das paixões, portanto, dos desejos. Aonde quer chegar o cego que confia sua visão a outro cego? Cuidado com as pessoas que dizem que você é o que pensa. Elas não são elas mesmas quando falam tal coisa. Estabeleça-se acima do mental, seja mestre de seus pensamentos e faça com que sua mente sirva ao Amor. O Ser Genuíno está além dos pensamentos, é a plenitude que se sente quando se vive no amor. Não esqueça que eu o amo, de um amor que não se mede com palavras. Como usar do temporal para medir o atemporal? A distância não é nada diante do coração amoroso. Estive, estou e estarei sempre com você. Guarde-me em seu coração e não julgue os desconhecidos, tampouco aqueles que lhe são queridos. Tranquilize os pensamentos, contemple, medite e cante amorosamente os múltiplos nomes do Supremo. Assim sendo, o Caminho dos mil caminhos ser-lhe-á revelado através do coração que ama. Eu queria transmitir-lhe esta mensagem. Antes de mim, muitos disseram isso. Depois de mim, outros o dirão. Todavia, uma coisa é acreditar, a outra é presenciar o momento em que a fé se consolida na experiência.

— Alguns homens jamais acreditariam em todo seu sermão. O que diria a eles?

— Perante a insanidade humana, a única coisa que nos resta é sonhar com o Ideal Político, mas também vivenciar esse Ideal no nosso dia a dia. A paz interior anda na sombra das pessoas que enxergam Justiça, Beleza, Bondade e Gratidão em todas as coisas que pensam, dizem ou fazem.

— Mestre, seu sermão me parece um adeus. Ainda assim, sinto serenidade em saber que está partindo e não questiono mais se ainda voltará. Sob suas asas, aprendi que o desapego nos liberta do medo, portanto, dos tormentos. Hoje, posso contentar-me com o que há no momento presente.

— Eduardo, estou realmente partindo.

— Mestre, falou muito do Supremo, porém não disse o que é afinal.

— Ninguém saberia lhe dizer o que é o Supremo dos supremos a não ser você próprio. Vá ao encontro de si e explore sua relação pessoal com o seu Criador.

— Dizem que havia a Unidade antes mesmo da criação. Diante disso, pergunto-me: Quem sou eu? Será que sou a Unidade? Caso fosse, por que me sinto um ser à parte, enquanto trilho os caminhos da Terra? — perguntou Eduardo. — Se tudo fosse da mesma essência, se antes do começo dos tempos havia a Unidade e se ela é perfeita e plena por si mesma, por que, então, manifestou-se a multiplicidade?

— O que seria o mar sem os rios, se o mar já é plenitude? — voltou o mestre.

— Só o rio, que conscientemente corre para se juntar ao mar, conhecerá a resposta, pois, assim, terá se tornado o próprio mar — respondeu Eduardo, após certa reflexão.

— O Supremo é todas as coisas e dentro delas permanece a Unidade, imutável, eternamente igual a si mesma — o mestre disse, acrescentando a resposta do discípulo. — A Unidade é aquilo que reconhecerá quando abrir seu coração.

Atônito, o buscador preferiu uma palavra ao silêncio. Com as palmas das duas mãos unidas na altura do coração e com um movimento da cabeça, murmurou: "Gratidão!". Com essas palavras, os homens se despediram, o que fizeram dizendo: "Aos nossos reencontros!".

Sem demora, a chuva começou a cair. Eduardo apreciou, por alguns instantes, as gotas que tocavam sua face, cuidando, logo em seguida, de encontrar um abrigo para admirar aquela água que caía como a bênção do Supremo. Com uma expressão serena em seu rosto, ficou no sopé da montanha, olhando para seu mestre que se afastava de Samah. Haroldo, todo molhado, não parecia se incomodar com a legião de gotas que afagava sua cabeça de pouco cabelo grisalho.

Naquele momento de paz interior, Eduardo soube que o dia seguinte seria ideal para a subida ao topo da montanha, o que ele já havia tentado algumas vezes sem sucesso. Guardou na memória do coração as palavras ditas pelo mestre sobre não se apegar à meta da subida. Entendia agora a representação da montanha em sua vida, e sabia que, mesmo chegando ao topo de Samah, ainda seguiria escalando sua montanha interior, conhecendo-se a si mesmo a cada novo dia. Graças aos ensinamentos do mestre, estava mais preparado para isso.

O adulto perguntou à garotinha:
— O que você quer ser quando crescer?
A pequena, meio confusa, respondeu:
— Como assim? EU já SOU!

A autorrealização

Aquela noite foi bela. Eduardo se entregou à profunda tranquilidade do Ser, onde a mente não tem domínio, onde os pensamentos não existem, onde o silêncio e o vazio se tornam uno. Foi um sono solene, um sono de mil sonhos e, ao mesmo tempo, de nenhum. Ele nunca tinha experimentado tal quietude até aquele momento. Por isso, logo depois de acordar, perguntou a si mesmo: "Será que é essa a sensação de despertar sem desejar?"

Por muitos anos, andara atravessando continentes em busca de respostas. Não houve noite em que não desejara o rosto do Supremo. Da mesma forma, houve diversas manhãs em que se sentira frustrado por não possuir aquilo que ardentemente havia desejado. Mas agora, estava mudado. Depois de o mestre ter partido, nenhum ressentimento ficou guardado no coração do discípulo.

Eduardo podia não entender as coisas do mundo, mas de uma coisa ele sabia: — a dança. Como se sabe, quem dança no ritmo da vida compreende que idas e vindas nada são diante da imensidão que existe muito além do espaço e tempo.

Naquela manhã, conheceu a paz. Uma paz que, ao conciliar felicidade e infelicidade, colocava-se fora da dualidade para observar o vaivém dos pensamentos. Com essa serenidade de corpo e espírito, o buscador percebeu a proximidade com seu centro.

No passado, tivera algumas decepções ao tentar subir a montanha. Agora, estava prestes a escalá-la. Aquela manhã seria a primeira de muitas aventuras bem-sucedidas sob uma nova perspectiva de vida.

Eduardo se abasteceu e subiu a trilha. Foram três dias de peregrinação, três dias de pleno contentamento e apreciação, três dias que passaram tão rápidos como uma estrela cadente. Eis que, acompanhado pelo silêncio, inimigo dos pensamentos, alcançou o topo da montanha Samah. Estando parado no cimo do monte, olhando para a imensidão do universo ao seu redor, o buscador, que há muitas vidas procurara a verdade, encontrou sua resposta no momento em que parou de buscá-la, no momento em que se manteve no silêncio para contemplar a luz e escutar a voz do não-manifesto.

Com um sorriso radiante, o homem pensou consigo mesmo: "Andei de mundos em mundos, do Oeste para o Leste, do Norte para o Sul. Tudo isso para finalmente encontrar a paz no topo de uma montanha das Terras do Centro. Ontem, estive no sopé de Samah e acreditei na beleza que ali se via. Estando agora em seu cume, percebo que não há palavras para descrever o Genuinamente Belo. Quem disse que é possível medir a eternidade mentiu. É certamente por isso que careço de palavras para descrever o que vejo neste exato momento".

Após um breve silêncio, seguido de uma Contemplação interna. O forasteiro expressou com palavras o que o coração sentia:

"Oh, Alma Gigante,
Alma de todas as almas!
Diante de Você,
encontro-me paralisado
pela dualidade dos sentidos.

Oh, Alma Absoluta,
mostre-me
o caminho dos caminhos.
Ensine-me o altruísmo
e a coragem das coragens.
Ilumine meus passos
pela vereda do coração.

Há milhões de anos, ando sem rumo.
Mas hoje, sei que Você sempre me amou".

Naquela altura do espaço, escassas eram as palavras, assim como o ar que sustentava a vida. Em algum momento, Eduardo perdeu a consciência. Encontrou-se em um lugar desconhecido, alheio a toda imaginação. Não podia diferenciar a realidade do sonho e nem conseguia identificar ou perceber seu corpo. Tudo que podia era sentir a flutuação da própria consciência. Era, certamente, a percepção de uma sensação inominável ou algo que estava além do corpo e da mente. Podia perceber o movimento diferenciado do ar, e o verde incandescente da paisagem lhe parecia mais antigo que a Terra. A sensação de paz era total, e o buscador não parava de se perguntar se ali era o reino do Supremo. Flutuando por cima e por baixo das nuvens acinzentadas, podia sentir uma energia desconhecida. Essa sensação não era fria nem quente, contudo, provocava nele a sensação de frio e calor ao mesmo tempo.

Eduardo podia perceber sua comunhão com a Consciência Total. Ao mesmo tempo, sentia-se partícula no todo. Era tudo, mas também era nada. Não havia medida nas proporções, pois, num momento se sentia maior do que o mundo, e no outro se sentia menor que um grão de areia. Não havia espaço nem tempo, tudo se encaixava harmoniosamente. Com a consciência expandida, e desnudado o véu, o buscador percebia a infinidade do universo. Ao redor de seu corpo celeste flutuando de nuvem em nuvem, havia dois seres que testemunhavam toda a cena. Tinham aparência humana, no entanto eram figuras luminosas. Instantaneamente, o buscador reconheceu seu mestre Haroldo e ficou se perguntando quem era o segundo Ser. Repentinamente, lembrou-se dos lindos crepúsculos quando se sentava junto a seu mestre para reverenciar os guardiões dos Templos da Sabedoria Dourada. Lembrou-se também do misterioso mensageiro, o viajante que havia visitado Haroldo há muitos anos. "Esse deve ser o Majestoso Reba", pensou o buscador. Sem nada dizer, apenas lançou um olhar para seu mestre. E naquele momento, anteviu as respostas para todas as suas perguntas, e logo entendeu que, na verdade, não há pergunta cuja resposta não seja previamente respondida. Seu mestre já dizia que a voz do silêncio brilha mais que mil fogos.

Através do silêncio, Eduardo percebeu que jamais seria separado de Haroldo. Percebeu ainda que a morte e a vida são a mesma coisa e que tudo simplesmente é. Percebeu que nada se transforma e que nada se cria sob o Céu dos céus. Da mesma forma, notou que tudo se cria e se transforma na Terra da ilusão. Como um observador consciente, chegou à conclusão de que entre o Tudo e o Nada, diferença não há. São da mesma essência. Isso nada mais é do que a Unidade Suprema.

Junto com os dois outros seres, o buscador se encontrou diante de um templo dourado no topo de uma montanha. Ao chegar àquele lugar, avistou ao longe um livro esplêndido que parecia maior que o universo todo, mas à medida que se aproximava, o livro ia diminuindo até caber em suas mãos, desprovidas de tato. A leveza do manuscrito o deixou pasmo. Nenhum dos dois seres que o acompanhavam tentou impedir que o abrisse, contudo nas profundezas de seu Ser, ele sabia que ainda não estava preparado para lê-lo. Então, devolveu o livro à sua origem e com o silêncio de mil palavras, os três seres voaram para longe. Havia no ar uma vibração que se entremeava com uma explosão de mil vozes e, ao mesmo tempo, a sinfonia presente naquele vazio lembrava o som de uma flauta doce e divina. O buscador perguntou a si mesmo: "Será essa a flauta do Supremo?". A pureza no ar era das mais belas. A sensação de voar não era melhor que a de andar. Sendo um ser alado naquele lugar, o buscador compreendeu o real significado da compaixão pelos que ainda vivem mundo abaixo na ilusão. Por um momento, identificou-se com a águia que voa alto. Finalmente, encontrou sua casa, pois nenhum dos lugares por onde passara chegara a ser-lhe tão familiar quanto este. Em sua própria terra natal, via-se como estranho e agora, estando nas nuvens, pensou: "Perambulei de continente em continente para finalmente encontrar a terra prometida dentro de mim. Agora, o que fazer? Oh, Criador Eterno! Que ardente desejo de querer permanecer aqui para sempre!".

O buscador se recordou de tudo que o mestre lhe dissera em relação à verdadeira identidade do Ser. Dizia ele: "De tanto navegar pelos oceanos, os homens se esqueceram que, sem água, o mar não passaria de um imenso vazio. A ignorância invadiu o intelecto humano e hoje, o homem se sente orgulhoso de possuir uma alma". O mestre dizia também: "Como pode a mortalidade conter a imortalidade?". Até então, o buscador não tinha entendido as palavras do mestre, mas agora, tudo ficou claro, pois percebeu que um corpo sem alma se assemelhava a um oceano desprovido de água. Por voar tão alto e ainda sentir seus pés no chão, ele se consagrou naquele momento como Alma. Então, pensou: "Não possuo uma alma. Sou Alma. Tenho múltiplos corpos e existo, pois sou amado pela Alma Suprema". Ele percebeu que naquele lugar, não havia a consciência humana, mas a consciência da Alma. Como Alma, ele se sentia unido a toda a criação. Dentro de si, não havia nenhum conflito, pois era capaz de contemplar a Verdade Suprema sem precisar pensar nela. Era nada mais do que a ação que se consolidava na inação. Para ele, ficou claro que o conceito do Ser Genuíno se encontra além do domínio mental. Assim, entendeu que a Alma não tem sexo, credo, religião, cultura ou tradição e, apesar de seu espírito juvenil, Ela permanece eterna.

Em conclusão, o buscador percebeu que o Amor que o ligava ao mundo era incomensurável. A verdade que lhe foi passada naquela experiência é que a Alma, sem nenhuma distinção, ama a todos assim como ama a si mesma.

O que viu?

No dia seguinte, Eduardo acordou, sereno, na casa de seu anfitrião. Desta vez, tornou-se definitivamente um novo homem. O entendimento de sua viagem interna demostrava em seu rosto uma clareza jamais vivenciada até então. As dúvidas em sua mente se foram e junto com elas o medo também. "O que resta de um homem que não teme mais?", perguntou-se.

Uma voz que há muito tempo se calara, respondeu-lhe: "Aquele que não teme apenas ama. Se olhar com os olhos que não julgam, verá o Amor em todas as coisas, em toda parte do universo e muito além. Seja no sonho ou na realidade, o Amor faz os seres vibrarem. É o sopro de todas as formas de vida. O homem que ainda não consegue ver o Amor na abundância e na escassez, certamente é cego e não verá a si próprio. Não viverá plenamente e permanecerá escravo das paixões mentais. Então, se amar verdadeiramente, sem nada julgar, nada desejar, nada lamentar, nada esperar e nada exigir, assentar-se-á acima da falta e da abundância de todas as coisas. Vida após vida, o homem vive adormecido, tentando escapar de si mesmo. No entanto, o Amor nunca desistiu dele. O Amor é como o grande Sol que doa sua luz a todos sem discriminação nem preferência".

Com muita clareza, Eduardo reconheceu, através dessa voz, o som que o fez sair de casa pela primeira vez. Percebeu não somente a cura para o espírito ansioso, mas também a expressão do Coração de Ouro. Ficou claro para o novo homem que o propósito da vida é simplesmente AMAR.

A seguir, levantou-se da cama e sentou-se no chão, imitando a postura de um monge já se preparando para contemplar. Mas antes, sentiu a necessidade de relembrar os momentos em que deixara de viver plenamente. O mestre já dizia: "Viva e reflita, pois na reflexão, repousa o sentido verdadeiro da vida". Eduardo, então, começou a se recordar dos momentos em que: deixou de dar um sorriso aos desconhecidos na rua; de todas as máscaras que teve que usar para ser aceito; de todos os caminhos que deixou de trilhar, porque alguém dissera que não era o certo; de todas as noites em que trocou o repouso por tormentos e lamentos; das vezes em que julgou desconhecidos; dos momentos em que se manteve em silêncio diante de uma injustiça; das mentiras ditas em prol da fama e do poder; das promessas feitas em vão; dos momentos em que culpou os pais por seus próprios erros; dos momentos em que considerou uma simples crítica como uma grande ofensa; das vezes em que se entregou ao medo; dos dias em que deixou de observar a grandiosidade da natureza ao reclamar do frio ou do calor; das vidas passadas, ignorando as leis divinas.

Após a contemplação, o buscador pareceu consciente daquilo que era destinado a fazer. Levantou-se e começou a fazer as malas. Naquele momento, entrou seu anfitrião, o senhor João.

— Bom dia, Eduardo. Já está nos abandonando?

— Sim, senhor João! Feliz ou infelizmente, terei que continuar a jornada. Sinto-me eternamente agradecido pela hospitalidade.

—Aonde vai?

— Vou para a capital das Terras do Centro. Minha cidade está em crise, ela foi destruída. Creio poder ajudar meu povo a retomar o gosto pela vida. Já que tudo foi demolido, precisamos tudo reconstruir. Precisamos redefinir nossos conceitos e valores. Meus irmãos já não sabem mais quem são de verdade. Sinto falta da sabedoria que pairava sobre minha terra natal. Contudo, não vivo mais do passado. Por isso, quero ajudar nesse processo de reconstrução tanto física quanto espiritual.

— Sabe, Eduardo, sempre pensei que aqui fosse sua casa de verdade. Nas terras alheias, os homens são cruéis uns com os outros. Em seu lugar, eu não arriscaria a paz de Kunda. Sei que nossa satisfação aqui é limitada. Todavia, é a melhor que conheço no mundo.

— O senhor acredita na bondade dos homens de Kunda?

— Sim, acredito.

— Pelo que sei, os homens desta aldeola fazem parte não somente das Terras do Centro, como também do mundo. Pergunto, então: como o senhor não acredita no mundo, enquanto acredita em alguns homens que fazem parte dele?

— Eu realmente não sei o que dizer — replicou o senhor João, num murmúrio.

— Senhor João, peço desculpa por minha indelicadeza. Mas antes de partir, posso lhe fazer duas perguntas?

— Os anos me convenceram a não perseguir o tempo e, por isso, não estou com pressa. Faça-me as perguntas que lhe encantam.

— Senhor João, onde está nossa verdadeira casa? Onde descansa a paz genuína? Será no reino da Terra ou do Céu?

— Ando me questionando sobre a morada da verdadeira paz que tanto busquei sem êxito. Toda noite, quando me deito, espero que o vento me leve para onde eu realmente pertenço, pois no fundo do coração, não duvido que a Terra seja apenas meu refúgio. Quando louvo ao Supremo, fico esperando que as velas sejam totalmente queimadas para que a Verdade me seja revelada. Porém, a cada expectativa, vem uma nova frustração e, assim, segue a vida. O que posso dizer é que dentro da consciência humana, ando fugindo de mim mesmo.

— Senhor João, creio com toda humildade que a paz interior não está aqui e nem ali. O caminho para a felicidade está dentro de nós. Explore seus mundos internos e perceberá que sempre esteve no coração do Amor infinito.

— Suas palavras soam como a melodia do coração. Tudo em mim agradece sua bondade. Nós, aqui na montanha, nos acostumamos com as idas e vindas de Haroldo, o amigo de Samah, mas aqui em casa, não sei se eu e minha família poderemos nos acostumar com a sua ausência.

Com um olhar perplexo, Eduardo perguntou: "O amigo de Samah não é nativo de Kunda?".

— Não, meu filho! Não se sabe realmente de onde vem o Haroldo. Contudo, de tempos em tempos, ele aparece. Nós o apelidamos de "O amigo de Samah" pois sempre que vem, apossa-se da montanha. E toda vez que aparece, um forasteiro surge de repente. Quanto à minha família, nossa tradição sempre foi a de receber os desconhecidos em nossa casa. De todos os forasteiros que pisaram nesta morada, você é o primeiro a se tornar meu amigo. Quase inexistentes foram nossas conversas, mas a admiração que eu lhe guardo é grande.

Imediatamente, Eduardo se lembrou daquela vez em que o mestre dizia: "Nosso encontro é a resposta a uma equação, ...". O buscador, mais resoluto do que nunca, olhou ternamente para seu anfitrião e disse: "Senhor João, saiba que tudo está em seu devido lugar. Neste mundo, não há nada que aconteça por acaso. Para tudo, há uma causa. Às vezes, o que nos parece injusto consiste, em verdade, na expressão da Justiça. O que hoje é efeito se torna causa amanhã. Assim, move-se a roda das vidas que não para de girar. Vida após vida, a morte vem fechar os olhos dos homens, para que esses possam um dia contemplar a Verdade Suprema. Quando o homem deixar de separar a noite do dia, ele começará a ver as coisas em sua totalidade. Entenderá o Nada e o Tudo pela Unidade e, por Ela, amará a todos como ama a si mesmo."

— Sua sabedoria é digna de um rei — disse o senhor João.

— Todo homem, que escolhe amar em vez de reinar, se tornará genuíno por natureza e guiará regiamente seu coração até a Glória das glórias. Aqui, termina nossa história para iniciar uma nova jornada. Já estou partindo. Passe meu amor para sua família e saiba que sempre estarei com vocês.

— Quanto à Cindi? O que quer que eu diga a ela? Das minhas filhas, ela é a mais apegada a você. Já sinto pena dela.

— Diga a ela que nós nos encontraremos novamente, assim como já o fizemos tantas vezes, pois este mundo é muito pequeno para o tamanho de uma alma.

— Eduardo, antes que vá, diga-me: o que viu?

O buscador ficou alguns segundos em silêncio, e o senhor João disse: "Se não quiser responder, tudo bem".

Eduardo finalmente falou: "O que vi, foge dos olhos, o que escutei, foge dos ouvidos, o que entendi, foge dos pensamentos. Senhor João, a verdade é que percebi algo, porém não soube diferenciar o nada do todo. Desculpe-me, mas não há palavras para descrever a sensação de voltar a ser EU mesmo".

Com um abraço demorado, os dois homens se despediram. Eduardo foi embora. O senhor João se sentou no meio da sala e começou a refletir sobre a conversa que acabara de ter com o buscador.

Por outro lado, assim que Eduardo pisou na estrada de retorno para as Terras do Centro, ouviu, em seu interior, uma melodia muito parecida com aquela de sua viagem celeste. Com um espírito de contentamento, o homem olhou para o céu e agradeceu. Em algum momento, enquanto caminhava sereno, começou a cantar alguns versos que lhe foram ensinados no segundo país das Terras do Leste:

O universo está cantando
a melodia da Alma que sou.
Estou trilhando o caminho
que leva até minha porta.
Terei que abri-la
com a ajuda do Amor Absoluto.
Agora, sei que o filho pródigo
nunca mais cairá.

Os olhos do coração

Poucas horas depois de empreender o caminho de volta para casa, o buscador avistou um homem aparentemente desequilibrado. Este falava sozinho, dizia coisas que pareciam não conter nexo entre si. Eduardo rapidamente se lembrou de sua conversa com o velho Bokô nas Terras do Sul. Com uma aparência pequena e magra, o desconhecido se aproximou dele e lhe perguntou: "Quem é você?". Depois de algum instante, o buscador disse: "Sou todo mundo, sou ninguém".

O desconhecido olhou para o buscador e continuou: "Sou louco e sei da minha demência. Sou desengonçado e sei da minha feiura. Por isso, todos me menosprezam quando cruzam meu caminho, mas você...". Com uma breve respiração, o desconhecido prosseguiu, dizendo: "Me olhou sorrindo, um sorriso luminoso que me fez lembrar do brilho de mil sóis. Não me julgou. Apenas me observou com os olhos do coração. Sabe quem é para mim?".

Atônito, o buscador perguntou: "Quem sou eu para você?". O homem respondeu: "Você é meu caminho, o caminho do coração. O caminho que o filho pródigo sabe trilhar. Pois o coração que ama sabe da Verdade Genuína. Que as bênçãos o acompanhem até chegar ao seu coração, é ali sua morada eterna". Com essas palavras, o desconhecido seguiu seu caminho. Eduardo fez o mesmo.

De tempo em tempo, o buscador olhava para trás e lá estava a montanha Samah, que olhava de volta para ele. Foi assim até se afastar totalmente de Kunda. Novamente, olhou para trás e ali não havia mais Samah. Ele, então, soube que deve se concentrar no caminho, pois o que realmente importa é a própria jornada — o Momento Presente.

Instagram do autor: @herlicpoemas